PISA
國際學生能力
評量計畫概論

蔣德仁　編著
吳俊憲　審定

五南圖書出版公司 印行

推薦序

　　認識作者是因為科學教育。同是科學教師，我們常常會為科學教育很愉快地討論一些話題。因為我也非常關注PISA，因此很多時候，我們之間就有了一些有關PISA的共同話題。作者極其聰明，很有想法，也很能堅持。這種特質促使他只要對一件事有興趣，就會深入其中並持續研究，最終成為這一方面出色的專家。他對PISA的認識與研究過程也是這樣的。

　　PISA可為基礎教育提供借鑑。目前中國教育存在的很多問題可能來自評量體系。我們往往用知識的眼光、用知識的理念來編製測量體系，並研製測量所需要的問題或試題。評量體系的偏差導致「指揮體系」的方向產生偏離，這是基礎教育出現的一些我們所不願看到的現象，這些問題可能成為基礎教育改革的困難。

　　PISA可為我們提供多種幫助，改善我們的基礎教育。PISA有一套完整的系統，有學科的理論建構，其對學科目的、學科的基本特徵、學科承載的對人的發展功能、學科的測量體系、學科測量方法等都有系統的闡述與架構。PISA也非常關注學校、家長、學生、教師、社區等與教育直接關聯的對象，並建立了一套相關研究的測量評量體系。同時，PISA的研究也非常重視一個地區或一個國家的教育政策對教育過程、教育方法、教育水準等的影響，並提供國家或地區層面的教育政策諮詢服務。

　　PISA可為教育工作者提供教育思想，也可以讓我們學習與認識一個學科的學科本質、學科體系、學科測量方式，也能為我們的學科教學提供理論上與實踐上的支援。更可以為我們對學生的學科能力和學科素養的培養提供途徑與方法。因此，學科教師、教學管理者和所有教育工作者都要關注、研究PISA，汲取其營養並為自己所用。

　　目前，PISA的研究材料很多，但多為零散，不利於初學者對PISA進

行全面系統的瞭解。本書是作者長期研究PISA，長期蒐集與整理，並對材料進行系統分析與整合的結果。字數雖不多，但看得出作者對PISA的總結與歸納有獨特之處，也反映了作者對PISA的分析與研究水準之高。本書可為讀者快速認識、理解PISA提供很好的支援。

　　我瞭解PISA，但沒有系統研究過，看了作者給我的初稿，感覺很有收穫，很有啓發。作者多次要我寫個序，對於作者的信任，我心存感激，但又不好意思以一個門外漢的身分寫序。作為朋友，寫上一段真心的「大實話」，可作為對朋友的交待，也權當序吧！

目　錄

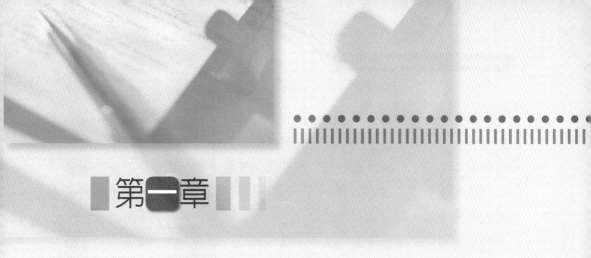

第一章

PISA 的基本框架

第一節　PISA的基本理念

一、時代背景

　　知識經濟的到來，引發了全世界的教育改革。如何實現對人才培養品質的有效監控，以引導教育的健康發展，已成為目前世界各國教育關注的焦點問題。評量一個國家教育的總體品質，評量一所學校的教學狀況，評量一名學生的基本素養，其價值導向是什麼，其評量標準又是什麼，以及透過什麼方式、方法、手段才能科學有效地進行評量與監控，這些都是世界各國教育研究者在新世紀所面臨的共同課題。國際經濟合作與發展組織（Organization for Economic Cooperation and Development, OECD）為滿足學生學業成績的跨國比較研究需要，滿足社會發展對人力資本的品質監控要求，克服以往教育對學生評量的不足與缺陷，於1997年啟動開發實施了

「國際學生能力評量計畫」（the Programme for International Student Assessment, PISA）。PISA主要對即將完成義務教育的15歲學生進行評估，測試學生們是否掌握了參與社會所需要的知識與技能，其評估結果對許多國家的教育改革產生了深遠的影響。這一有關15歲在校生的國際性學生學習品質比較研究項目，從一個全新的角度展開了對人力資本的測量與評量。測量的內容主要是生活所需要的基本知識和技能：閱讀素養、數學素養、科學素養以及問題解決能力，重點考查學生運用所學知識和技能解決實際問題的能力。此外，還蒐集學生的學習態度、學習策略、家庭背景以及學校因素等影響學生表現的背景資訊。可以用於測量義務教育即將結束時，15歲年輕人為走向社會而準備的知識和能力情況。

對學生的表現進行國際比較評估的想法在OECD由來已久。早在二十世紀70年代，OECD的綠皮書就開始嘗試建立一個教育資料的蒐集與比較模式。但是直到80年代中期，對教育成功指標的測量才變為OECD的重點關注領域。1988年，OECD在巴黎召開第38屆年會，開始正式推動國際教育指標體系方案的建立，由OECD的教育研究與改革中心（CERI）負責完成。1992年，OECD出版了《教育概覽：OECD指標》（*Education at A Glance: OECD Indicators*）一書，提供了其成員國的教育系統在3個領域（教育人口、經濟與社會背景；教育經費、資源和學校進程；教育成果）的36項核心指標上的對比狀況，宣布了OECD教育指標體系的正式問世。此後，OECD的《教育概覽》逐步發展成年度刊物，同時教育指標體系也在不斷革新和完善。

一年一期的《教育概覽》大部分涉及的是教育的人力投資和財政資源，教育系統的合作，個人、經濟和社會對教育投入的回報等，但一直缺乏對教育產出情況的有效考察。教育產出缺乏國家間共有和可信的指標，特別是在知識和技能方面的評量，缺少可信的資料，這使得決策者、納稅人、教育者和家長都希望有一套評量教育體系的有效工具。1995年，為了滿足OECD成員國希望獲得關於學生知識、技能及教育表現的常規、可靠的資料，PISA專案被首次提出。雖然期間受到一些內部力量的阻礙，但OECD還是在1997年正式啟動了PISA項目。從提出設想起，經過五年的

研究與試點項目，OECD最終在PISA調查的框架上達成了一致。2000年，PISA開始了第一輪評量。此後，每三年舉行一輪評量。其新穎、規範、科學的設計與嚴格的控制標準，引起了廣泛關注和強烈反響。

二、基本理念

　　PISA評量的重點並不是中學學生掌握了多少學科知識，而是他們在實際生活中創造性地運用這些知識和技能的能力。它著眼於學生的終身可持續發展，為生存而學習是評量的基本理念。基於終身學習的動態模型設計測試，它評量學生在現實生活和終身學習所必須的知識和技能。與學校學習科目緊密相關，它集中於學生習得技能的價值和解決問題的能力上，在一個更廣闊的範圍、在實際生活的情境中，測試學生的實際操作能力和文化素質。它考查人們在學習化的社會裡所必須的那些知識和技能，這些知識和技能需要透過終身學習才能獲得。它衡量的是學生面對實際生活挑戰的能力，而不僅僅侷限於他們對學校課程的掌握情況。

　　PISA是一種終身學習的動態模式和技術需求。學生不僅需要依靠學校的教學，而且還需要瞭解成人的生活。學生必須組織和規範其自身獨立學習及團體學習，克服學習過程中的困難，進行能在未來生活中獲得成功的學習。更進一步地說，學習和其他知識的獲得，將於實際情境中持續增加。透過多領域、多向度的測試，希望瞭解即將完成義務教育的各國中學學生，是否具備了未來生活所需的知識與技能，基礎教育階段的學習是否為終身學習奠定了良好的基礎。

三、評量目標

　　在PISA啟動之前的40多年間，主要由國際教育成就評量協會IEA和美國教育考試中心ETS的教育發展國際評量（IAEP）所從事的研究已有許多成果。但是，這些評量研究關注的是與課程有關的成就，且僅僅評量參與國所共有的課程。

　　而PSIA的評量則是前瞻性的，它測量的是15歲青少年對於迎接高科

技和知識社會的挑戰的準備情況。因此，PISA更加關注學生運用在校所學知識能夠做些什麼。PISA的測量目標是發展常規的、可靠的與政策相關的學生成就指標，從而達到關於國家教育體制的品質、公正性和效率的評量目標。

PISA評量關注四個子目標的實現：學習成果的品質；學習成果的等價性和學習機會的均等性；教育過程的有效性和效率；教育對社會經濟的影響。PISA將教育系統分為教育與學習中的個人參與者、教學背景、教育服務的提供者、作為整體的教育系統四個層面進行分析。

PISA的評量模型就是圍繞教育系統的上述四個層面展開的。這四個層面分別從教育成果、政策槓杆、前提條件三個領域入手，不僅關注國家的經濟、人口等因素，關注學校的因素，也關注學生個人的家庭、移民、興趣、愛好等因素。

表1-1　PISA評量目標分析表

	教育成果	政策槓桿	前提條件
層面A：個體學習	知識、技能的品質與分布	個體態度、投入程度與行為	學習者的社會經濟背景
層面B：教學背景	教學實施的品質	教學、學習實踐與課堂氣氛	學生學習、教師工作條件
層面C：教育機構	機構的表現與產出	學校的學習環境	社區與學校的特色
層面D：教育體制	教育的社會經濟成果	結構、資源分配與政策	國際的教育、社會和經濟環境

PISA從社會、文化、經濟以及教育因素等方面考查學生和學校的特徵。個體學習者層面的因素包括性別、社會背景，以及有關自我的認知、動機因素以及教育期望等。教學設置層面的因素包括教師教學策略、學生知覺到的課堂氣氛、教師支持、教材使用以及班級大小、學校組織和結構等因素。學校層面的因素包括學校類型、學校結構、學校資源、學校風氣、學校管理以及課堂實踐等。

使用來自學生問卷和學校問卷的資料，將背景資訊與學生的成就連結起來，可以比較研究下列問題：

1.各國在學生水準因素與成就之間關係上的差異；

2.各國在學校水準因素與成就之間關係上的差異；

3.學校之間的差異，以及各國之間學校差異的差異；

4.各國在學校提高學生成就效應上的差異；

5.與學生成就差異有關的教育體制和國家背景的差異；

6.透過與PISA 2000建立連結，所有這些關係之間的變化情況。

PISA為各國提供了一個良好的教育品質檢測平臺，為各國及時調整自己的教育政策提供了非常有用的資訊。對於政策制定者而言，通過對比自己國家和其他國家教育系統的成就表現，總結已有政策的經驗，改善教育體制，並基於PISA提供的指標，更好地評量和監控教育體制的效力與發展。

四、基本特性

1.政策的導向性。PISA專案的設計和報告方法主要為政府政策決策的需要而設計，以便政府汲取政策上的成功經驗。

2.定義的獨創性。譬如關於素養（literacy）概念：關注學生應用知識、技能的潛力，以及面對實際情境時，理解問題、解決問題，分析、推理和有效地交流的潛力。

3.學習的可續性。不侷限於評量與課程相關的能力，還要求學生報告學習動機。不僅要評量學生的知識和技能，也要讓學生報告他們的學習動機、學習策略、自身的信念、對自己的瞭解和對不同學習環境的態度，以便綜合評量學生。

4.操作的規範性。PISA的檢測工具開發、檢測標準設定、檢測資料處理和檢測結果判斷等各環節的操作嚴密可行、規範有效。PISA提供的結果，使得各國可以監控其教育品質。

5.內容的全面性。主要是生活所需要的基本知識和技能：閱讀素養、

數學素養、科學素養以及問題解決的能力，重點考查學生運用所學知識和技能解決日常生活問題的能力。此外，還蒐集學生的學習態度、學習策略、家庭背景以及學校因素等影響學生表現的背景資訊。

6.主體的多元性。PISA突破了傳統的單一學校評量方式，形成了多元化的評量主體。PISA的評量主體包括學生、家長、校長和教師四個方面，從各個方面對學生作整體的評量。

7.參與的廣泛性。參與PISA專案的國家與地區的國民生產總值之和占全世界國民生產總值（GDP）的90%左右。

8.取樣的參照性。PISA選取義務教育階段結束時的青少年，作為測試對象，便於各國評量其教育系統的品質。

第二節　PISA的組織方式

一、指導監管

PISA管理委員會（PISA Governing Board）是由OECD各成員國教育部任命的一位該國代表和PISA的各參與國（地區）教育主管部門任命的一位觀察員所組成。管理委員會主席由委員會商議決定。管理委員會在OECD教育目標的指導下，確定每次PISA評量的重點，制定評量指導原則，以保證評量順利實施。

二、日常管理

OECD祕書處（OECD Secretariat）負責PISA的日常管理，包括監督調查實施的情況、為PISA管理委員會管理行政事務、透過跨國交流得出一致意見等。它架起了PISA管理委員會和PISA國際聯合處之間溝通協調的橋梁。OECD祕書處的現任主席是Andreas Schleicher，他同時也是OECD教育理事會下屬的指標與分析部（Indicators and Analysis Division）負責人。

三、設計實施

PISA的具體設計和實施由多國機構組成的PISA國際聯合處（PISA Consortium，亦稱國際承包商international contractor）來負責。該聯合處由一些國際大型的評量機構組成，它以澳大利亞教育研究委員會（Australian Council for Educational Research, ACER）為首，其他聯合機構還包括荷蘭的全國教育測量研究所（CITO）、美國的Westat公司和教育考試服務中心（ETS），以及日本的全國教育政策研究所（NIER）。

四、發展規模

自2000年以來，已經完整地實施了四輪PISA評量，包括PISA 2000、PISA 2003、PISA 2006和PISA 2009。PISA在2000年開始第一輪評量，最初有32個國家參加，包括28個OECD國家和4個非OECD國家。隨後，又有11個國家和地區加入了PISA的測試，共有43個國家和地區參與。2003年進行第二輪評量，除了30個OECD國家參加外，還有11個非OECD國家（地區）參與。2006年進行第三輪評量，有57個國家和地區參與；2009年進行第四輪評量，共有74個國家和地區參與，非OECD國家（地區）的數量已經超過了30個。不過，在PISA 2009報告中，只有65個國家和地區的結果，因為有9個國家稍後才參加PISA。

愈來愈多的非OECD國家（地區）參與了PISA的測試，一方面是因為有些國家（地區）希望從國際的視野瞭解本國或本地區教育發展的水準；另一方面，也有一些國家（地區）希望透過參與PISA學習OECD的學生學業測試的組織管理模式，以便為本國（地區）建立長期有效的品質監測體系提供參照。2009年對9歲和15歲學生分別評量並將評量結果建立連結，進而檢查各國學生的學習進程。

中國教育部考試中心在2006年引進並啟動了PISA 2006中國測試研究項目，2006年10月正式啟動。PISA 2006中國測試研究並不代表中國大陸正式參與PISA。天津、北京和濰坊三個城市一起參加了2006年PISA在中國大陸地區的試點性測試研究。其中，天津市共有50所學校的1,700多名

學生參加了最終測試。

　　2009年4月17日，PISA正式在上海開始測試。5,000名在1993年1月1日至1993年12月31日期間出生的學生參與評量，分布在150餘所中學。PISA要求各國（地區）的樣本範圍在4,500-10,000名學生之間，學生來自於150所中學以上。中國的學生和學校的樣本數與取樣要求，完全符合OECD的要求。

第三節　PISA的操作規程

一、規程制定

　　PISA的規程制定主要由國際聯合處完成，在此過程中還得到了各國（地區）教育主管部門的支持和指導。規程的制定主要包括如下步驟：

　　1.由PISA管理委員會、國際聯合處、OECD祕書處共同制定評量指導原則，以保證評量順利實施。

　　2.由國際專家團隊向PISA各參與國（地區）深入諮詢後，確定各評量領域的技能和能力範圍，對評量領域進行操作性界定。

　　3.評估各項任務的組織程序，以便向決策者和研究人員彙報參與國家（地區）15歲學生在各評量領域的成績。

　　4.確定建構評量題目所需要重視的一系列關鍵特徵，並使其可操作化。

　　5.評估變數的有效性。

　　6.準備對結果的解釋方案。

二、工具編制

　　PISA的評量工具是13套經過等值處理的試題冊，每個學生一套（2小時題量）。PISA 2006精選28道閱讀題目、48道數學題目和103道科學題目作為測試工具。PISA同時還有系列的調查問卷。

1. 命題機構

PISA的評量工具由PISA管理委員會和國際聯合處共同完成。PISA管理委員會挑選閱讀、數學、科學等領域的世界級專家組成專家組，負責設計每次PISA調查的理論框架，組織問卷調查專家負責並指導PISA問卷的制定。國際聯合處自行設計或邀請所有的PISA參與國（地區）提交具體的測試問題，然後由國際聯合處及各參與國（地區）審閱，只選取大家都無異議的題目，最終確定試題庫。試題庫中的每道題目都由各參與國（地區）進行評分。在正式測試之前，還會在所有參與國（地區）進行測試，測試證明在某些國家太易或太難的題目，都會在正式測試時被取消。測試題由各國專家翻譯成本國的文字，學生用本國語言作答。

PISA很重視試題所具有的跨文化性和跨國跨地區性。在PISA 2006中，國際專業協作組織委託五個國際知名的研究機構設立國際命題專家組負責PISA科學的命題，它們分別是：澳大利亞教育研究理事會（ACER）、荷蘭教育考試院（CITO）、OSLO大學（ILS，挪威）、KIEL大學（IPN，德國）、日本國立教育研究所（NIER）。另外，還有4個專家組（科學專家組、閱讀專家組、數學專家組、技術專家組）配合命題的工作。這些命題專家組不僅負責一部分的命題工作，也對各參與國家和地區提交的試題進行評審和修訂，保證PISA試題的品質。其中，澳大利亞教育研究理事會根據PISA專業協作組織的管理和科學素養框架的要求，從整體上協調並監督各命題專家組的工作。

2. 命題程序

PISA從命題到最後確定試題主要有兩個階段。第一階段是PISA國際命題專家對各參與國家和地區提交試題的審查，第二階段是對所有提交試題的國際審查（如圖1-1所示）。

一般而言，由各參與國家和地區提交的試題都必須經過至少一個國際命題專家組的審核和修訂，並由此專家組將經過篩選或修訂後的試題提交至ACER，進行進一步的審核、篩選和修訂（過程如圖1-1所示）。各國際命題專家組提交的試題也必須至少由另一個國際命題專家組進行審核，再與各參與國家和地區提交並經過審核的試題一起，共同彙集到ACER，開

展國際性的審核和修訂,並篩選出測試所用的新試題。最後,篩選出來的新試題與確定的連接試題一起作為測試試題,在所有的參與國家和地區中測試,並利用測試結果的資料分析,以及各參與國家和地區對測試結果的回饋,再次篩選或修訂試題,確定最終正式測試所用的試題。

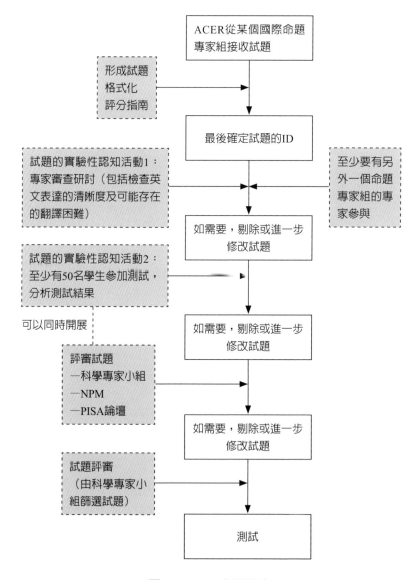

圖1-1   PISA命題程序

3. 命題特點

(1)多方命題，專家反覆審核修改。無論是PISA國際命題專家組提交的試題單元，還是各參與國家或地區提交的試題單元，都要經過本地的審查和試題的實驗性認知活動（cognitive laboratory activities）。每經過一個階段，就要對試題進行篩選、剔除，或作進一步修改和完善，這樣的審核修改至少有四次，最多可達七次，保證每一道試題都能經過不同專家的反覆審核和修改。

(2)進行測試，並對測試資料進行統計分析。無論是本地的實驗性測試、由ACER開展的國際實驗性測試，還是所有參與國家和地區都參加的測試，都需要將測試結果錄入，進行統計分析，得出試題的功能性差異等指標，並以此為基礎，對試題進行刪減或進一步修改完善，確保正式測試所用試題的品質，盡可能保證試題對所有參與國（地區）學生的公平性。

4. 評分標準的制定

PISA試題命題的過程，也是評分指南逐步完善的過程。在題目的最初設計中，PISA就要求將每道試題的評分指南草稿列入其中；隨後，在實驗性認知活動中，透過與學生座談等，蒐集並整理世界各國學生對試題的回答；最後，將這些回答與測試框架相結合，確定試題的評分要點描述和相應的學生回答案例。

PISA測試共有五種題型，包括選擇題、封閉式問答題、簡答題、複合選擇題以及開放式問答題。其中，開放式問答題和部分簡答題沒有固定答案，需要評分專家進行人工編碼。PISA開放題的評分標準是根據學生的真實回答而研製的，主要包括兩部分內容：評分要點描述、回答示例。其中，評分要點描述類似於我們考試中的「標準答案」，而回答示例則選取多個具有代表性的學生的真實反應，用以直觀說明不同代碼學生的典型回答。

這些回答示例絕大部分來自PISA試題研製兩個階段中的實驗性測試。第一個階段，各參與國家或地區設計的試題要提交給一個國際命題專家組審核，審核過程中要組織一次至少有30名學生參加的實驗性測試（pilottesting）。若試題進入第二個階段的審核，ACER將再組織至少50名

學生對修訂後的試題進行實驗性測試。這兩次測試，除了要根據學生的反應對試題進行修訂外，還有一項重要功能，即蒐集學生的真實答案，用以修訂評分指南中的評分要點描述，同時，具有代表性的回答將補充到回答示例中。

從評分指南的制定過程，我們可以看到，PISA以學生的真實反應為制定答案的依據，鼓勵學生提出不同的觀點，這充分體現了PISA以學生為本的思想，有利於學生發展個性，提出具有創造性的想法。

5. 調查問卷

PISA問卷調查：一般有學生問卷、學校問卷和家長問卷。

(1) 學生問卷

除了2小時的測驗之外，每名學生還要求完成一份約半小時的背景問卷，該問卷提供了有關學生自身及其家庭的資訊，大致內容如下：

閱讀教學方面：包括學生的興趣、動機和參與度。

學生生活方面：如他們的學習態度、愛好和在校生活、家庭環境。

學校方面：如學校人力物力資源的品質、公私防範與控制、不同層次的管理調控、決策的程序　員工常規、學校的重點課程和課外活動的提供。

教育環境：包括校舍的類型、班級數量、學校班級氛圍、讀書的積極性。

學生及家庭背景：包括他們的經濟、社會和文化財富，以及教育經歷和電腦熟悉程度等。

(2) 學校問卷

測試學校的校長需要完成一份約20分鐘的有關學校資訊（學校統計學變數、學習環境品質）的問卷。問卷內容一般包括學校的組織和結構、師生團體、學校資源、學校教學課程和評量、學校風氣、學校的政策及其實施、學校聘任特點等。

(3) 家長問卷

家長問卷內容一般包含基於父母的特點、孩子過去的閱讀參與度、父母自己的閱讀參與度、家庭閱讀資源和支持、父母的背景、父母參與學校

的觀念、父母選擇學校的範圍等。

PISA 2009的學生問卷、學校問卷和家長問卷請參見附錄。

三、學生抽樣

在抽樣方法上，PISA的目標總體採用了基於年齡的界定。PISA選取的樣本是測試時，年齡在15歲3個月到16歲2個月之間的在校學生，不管學生在哪個年級或哪種教育機構就讀，也不考慮他們接受的是否是全日制教育。但是，不包括未在教育機構就讀或在國外上學的15歲學生。每個國家（地區）所制定的特定樣本設計和樣本大小，都是為了學生層面估計值的抽樣效率最大化。

PISA評量專案所採用的取樣設計為兩階段分層取樣，即首先隨機抽出樣本學校，繼而在樣本學校中隨機抽出樣本學生。

為了保證取樣的精確性，要求必須從至少150所學校中抽取4,500個以上的樣本容量。第一階段的取樣單元為含有15歲學生的個體學校，以隨機抽樣的方式在每層抽取學校，各層的抽取率與各層學校多少及學校內的學生數量成比例。第二階段的取樣單元為樣本學校中的學生，從每一所樣本學校中等概率地抽取35名學生（底限為20名）。並且，在第一階段選取的學校中，學校參與率要求達到85%，所選取考生的作答率要求達到80%（底限為50%）。如果初始選取學校的作答率低於85%，那麼，必須通過從候補學校中取樣來達到要求。為了保證總體覆蓋率，在學校水準和學生水準的總排除率必須低於5%。

四、具體施測

在PISA的具體測試中，各參與國（地區）政府要任命一個國家專案經理（PISA National Project Manager）來負責監督每個參與國（地區）的評量實施情況。PISA的評量形式為紙筆測試，測試均在學生所就讀學校內進行。

評量包括兩部分：素養測試和個人背景與學習情況問卷。每個學生

的素養測試時間為2小時，但由於有不同的題本組合，因此總評量時間加起來一共約390分鐘。在每位學生素養測試的2小時內，每輪評量重點領域（如2009年為閱讀素養）的測試時間占總測試時間的三分之二。此外，PISA 2009年還加入了額外的大多數國家（地區）參與的學生電子文本閱讀評量，時間為40分鐘。

素養測試題目由問答題與選擇題相結合。題目通常以單元形式組織。每個單元包含一段文字或一個圖表，都是學生在現實生活中可能遇到的問題。學生的個人背景與學習情況問卷約為30分鐘，主要涉及學生的背景、學習習慣和對學習環境的認知，以及參與學習的程度和動機。

PISA所使用的測量方法以紙筆測驗為主，但這並不意味其只重視紙筆測驗；相對地，OECD／PISA亦要求能將更廣泛的知識和技能運用於日常生活之中。評量的方式可採用各種形式，可以是「封閉式」，也可以是「開放式」。一般來說，多數人傾向於把那些答案靈活開放（即可以有多個正確的答案）的題目都歸入開放題。相比中國而言，PISA命題專家對開放題的界定更為明確：開放題（open-constructed response）的全稱為開放結構式反應題，是指那些答案靈活、應答內容較多、通常要求對答案作出解釋的題目。而那些答案雖然也較靈活、但不需要作出較多的解釋、通常只需要用一個詞或短語來回答的題目，稱為封閉結構式反應題（closed-constructed response）。高層次技能的測量通常採用「開放—目的」的問題測量，所謂「開放—目的」的問題測量指允許學生使用不同方法和策略來達到預期目的，這樣就能以多元化的觀點檢測學生的各種表現。

五、測試評分

PISA透過分數來劃分能力等級，一共有六個能力水準。每個參與國（地區）在一個具體領域中（如閱讀、數學或科學）的得分是這個國家（地區）所有參與測試學生在該領域的平均分。PISA不提供所有測試的總分，只提供每一特定領域的分數，並根據參與國（地區）在各具體領域的平均分進行排名。

　　需要評分專家人工評分的試題大約占總試題量的45%。按每個國家（地區）最少4,500名學生估算，至少有116,000個回答需要人工評分。為了保證各個國家（地區）之間評分的公平性和一致性，PISA設計了試題本輪轉程序、評分培訓、分類計分、多次評分、評分檢查等品質控制環節。

1. 試題本輪轉程序

　　PISA設計了規範細緻的試題本輪轉程序，保證在各個領域中，每一位評分專家都要參與每一個試題組的評分，使每位評分專家都能瞭解整體情況；確保每個學生的答題都是由一位以上的評分專家所評分，每所學校的試題也是由一群評分專家評分的，從而減少人為的「寬」或「嚴」所產生的影響；要求評分專家評分時，必須是同一批試題本中的同一道題全部批完以後，再接著評下一題。這樣做，盡可能確保了每道題評分的前後一致性，避免了「暈輪效應」，即評分專家在對當前試題進行評分時，受學生試題本中前面試題回答的影響。

2. 評分培訓

　　在測試前和正式測試前，PISA專業協作組織會進行一次評分專家的國際培訓（共兩次培訓），再由經過國際培訓的評分專家對參與評分的本地評分專家進行本地培訓。

　　在本地培訓中，培訓與評分是交替進行的，每次一個單元組（cluster）。五個步驟分別如下：評分專家親自做一遍試題→熟悉該試題組的評分指南，對自己做的練習進行批改→進行國際樣例培訓和討論→獨立完成國內樣例評分練習→取得高度一致性後，再對這一組試題進行評分。如果在國內樣例評分練習中有超過10%的不一致，就要補充國內樣例或者從國際論壇上選擇其他國家的典型樣例補充討論。只有這樣，才可以保證評分專家在評分時，對評分培訓內容記憶猶新，不容易為其他評分試題原則和標準所干擾。

3. 答案分類計分

　　PISA評分是先將學生答案分類，賦予代碼，然後將代碼輸入資料庫管理軟體。原始資料庫提交國際組織後，由國際組織統一將代碼轉化為標

準分。

　　根據評量框架和總結測試所蒐集的學生回答實例，PISA針對每一道主觀題的評分指南中都確定了評分的類別，一般分為1（滿分）、0（零分）兩個等級，或2（滿分）、1（部分得分）、0（零分）三個等級，在個別情況下，也有分3、2、1、0四個等級的。這些評分類別並非學生在這道題的最後分數，而是確定其答案的等級，最後的分數要根據參與測試學生的回答狀況，對學生回答的資料運用專案反應理論量化（scaling）後，才最後確定其得分。

　　PISA這種將評分和計分兩個過程獨立分開的方式，有利於評分教師在評分時，盡可能保持中立客觀，根據給出的評分標準給出相應代碼，減少評分時，教師直接看到分值而可能給學生得分帶來的負面影響。而且，0、1（和2）的評分類別相對簡單，教師在評分時也相對更容易掌握，較能在評分過程中保持原則的一致性。

　　另外，用測試結果確定的試題難度值給所得評分類別進行量表化，來得出學生的最終分數，這種計分方法更科學，能減少由命題教師決定試題分數值所帶來的分數不等值問題。

　　4.評分品質檢查

　　為了保證評分品質，PISA專業協作組織不僅制定了嚴格的評分作息時間（每天工作不超過6小時），還設計了五個品質檢查的環節。首先，試題本被分批整理好，每批試題本上都有流轉單，評分專家要在流轉單上簽名，這一方面能保證評分程式的規範和有序，另一方面也使得評分結果有據可查，促使各評分專家認真評卷，保證品質。其次，每個組的評分組長每天要檢查組內評分專家的評分，並做好記錄，對評分錯誤率較高的評分專家，視需要加強檢查和培訓。第三，對於有疑問、有爭議的試題評分，可提交到各國家或地區PISA中心，甚至提交到ACER總部，協商解決疑問，盡可能保證各國家或地區評分的一致性。第四，每種試題本都抽取100本進行多次評分，用於檢評量分專家之間的一致性以及評分資料的信度。第五，在資料庫提交結束後，國際組織還要另外組織獨立的國際評分組，在每個國家（地區）抽取160名學生的試題本進行評分檢查。

另外，各參與國（地區）都有受各自國家專案經理監督的測試修正組。測試修正組根據國際聯合處和PISA專家制定的指南手冊，記錄學生在PISA測試中的得分。經專家審閱後，將最後測試結果上交國際聯合處，再由國際聯合處上交到OECD祕書處。

六、誤差控制

PISA是一個國際性評量專案，由於各國語言、文化、教育體制、學生接受教育的年齡不同等因素，因此要對不同國家的同一年級的學生進行直接考查是不現實的。這就要在技術上作必要的「等值」處理，使之具有最廣泛的可比性。等值處理的關鍵有兩個方面，一是關於參加測試的學生樣本如何抽定的問題，二是對不同地區、不同試題的「換算」處理問題。為此，PISA評量的每個環節全部按照科學的、標準化的程序執行，以確保評量結果的科學性、準確性。

首先，對評量對象的抽樣設計，按照標準化測驗的方法，嚴格執行兩階段分層完全隨機抽樣。為了保證抽樣的可靠性，各參與國家和地區在按要求準備好相應的抽樣框之後，由PISA總部具體實施抽樣，避免了由於抽樣的隨意性而導致樣本的代表性不足，造成誤差。基於大部分國家和地區的學生都在15歲3個月到16歲2個月年齡段完成義務教育，因此，PISA從這部分學生中進行抽樣考查。各成員國家和地區根據OECD的要求確定好抽樣框後，再由PISA總部按計劃實施抽樣，從而避免抽樣的隨意性。

其次，為了保證各參與國（地區）的學生面對的測驗材料的一致性，減少由於翻譯過程中，語言理解的原因造成的文字方面的差別，所有需要翻譯成本國文字的測驗材料都必須從兩種語言文本進行翻譯，並把兩種翻譯結果合二為一，使測驗材料保持原有的內容、風格及特點，減少因測驗材料本身造成的誤差。

第三，在評量的實際測驗過程中，採用科學的測驗方法設計測驗內容。測驗內容共包含7小時的題目，題目的不同組合共構成九種不同的測驗，每個學生只需完成2小時的測驗。這種科學的設計使得測驗的效率大

大提高。這樣既保證了每位學生不需要花太長的時間進行考試，又可以保證測試盡可能囊括各個評量領域的主要內容。學生完成2小時的測試後，還要用半小時左右的時間完成調查問卷。所有的調查都是在學校中進行的。

第四，對於開放式題型的評分，PISA規定了詳細的評分標準，並提供了許多參考答案，通過這一系列的措施有效地控制由評分過程造成的誤差。

以上措施，大大地控制了測驗過程中的誤差，有效地保證了評量結果的真實性和可靠性。

七、評量報告

評量結束後，OECD祕書處一般會在第二年下半年提供一份詳細的包括PISA全部評估結果的報告。評估報告由大量的圖表及文字說明組成，圖表通常包括各國平均分排名、影響成績的因素和分數相關性等方面。PISA提供的評量結果，不僅包括簡單的成績排序，而且還向各國提供詳盡的分析報告，內容涉及學生成績與性別、學習態度和興趣、家庭背景以及學校人力物力投入的關係，這種評量結果和對結果的解釋，可用來對各國教育品質的現狀進行直接比較。PISA 2009的評估結果報告已於2010年12月7日向全球公布。歷次評估主報告如下：

表1-2　PISA歷屆評估主報告

屆　別	報告題目	發表時間
PISA 2000	《生活的知識與技能》 Knowledge and Skills for Life	OECD, 2001
PISA 2003	《為明天世界而學習》 Learning for Tomorrow's World	OECD, 2004
PISA 2006	《明天世界需要的科學能力》 Science Competencies for Tomorrow's World	OECD, 2007
PISA 2009	《閱讀、數學和科學關鍵能力評量框架》 Assessment Framework Key Competencies in Reading, Mathematics and Science	OECD, 2010

第四節　PISA的評量領域

一、評量核心

　　PISA評量的核心是素養。在PISA的評量框架中首先提出「素養」的概念，即「學生應用所學知識和技能，分析、推理和進行有效溝通，解決和解釋各種不同情境中問題的能力」，這個概念指導了PISA評量內容的制定。PISA關於「素養」的提出具有深遠的意義。以往的評量，更多的是關注學生在學校裡獲得的知識，主要考查學生對課程的掌握情況。而PISA認為素養的獲得是一個終生的過程，它並不僅僅發生在學校裡、經過正規的學習就能全部獲得，它還需要透過與同伴、同事以及更廣泛的社交圈的交往來獲得。

二、評量領域

　　PISA評量主要集中在四個領域：閱讀素養、數學素養、科學素養和問題解決能力。

　　閱讀素養重在評量學生運用所掌握的閱讀技能學習各領域的新知識及理解實際生活中可能遇到的各種文本內容的能力。數學素養要求學生從各種現實情境中識別出數學問題，用數學方法表述解題過程和結果並解釋、應用。科學素養要求能夠理解科學概念，應用科學觀點來解釋現象，並對證據進行科學思考，從而得出結論。2003年首次增加了問題解決能力的評量。問題解決能力是指個體在遇到真實、跨學科情境時，運用認知過程的能力。

　　這些應用能力體現在各種實際生活情境中，包括個人、社區、學校教育、工作等各種生活環境。因此測試內容以單元來組織，每個單元都有一段、一篇或一組引導材料，引入問題情境，接著才是若干個問題。

　　PISA測試框架還要體現相關學科知識體系的內容，以及學生在完成該領域學習任務時所需要的能力。PISA的認知領域測試框架包括情境、知識領域和能力三大方面，如表1-3所示。

　　基於上述，我們可以知道，問題解決能力側重知識的實際運用，而不是依靠單一學科的知識，所要解決的問題具有實際性。

表1-3　PISA的認知領域測試框架

	閱　讀	數　學	科　學
情境	文本的使用場合： 個人的（如私人信件） 公共的（如官方文件） 工作或職業的（如報告） 教育的（如與學校相關的閱讀）	數學應用的領域，關注個人、社會和全球情境中的應用。例如： 個人的 教育或職業的 公共的 科學的	科學應用的領域，關注個人、社會和全球情境中的應用。例如： 「健康」 「自然資源」 「環境」 「危機」 「科學和技術前沿」
知識領域	閱讀材料的形式： 連續文本，例如記敘文、說明文、議論文 非連續文本，例如圖表、表格和清單	數學領域和概念群： 數量 空間和形狀 變化和關係 不確定性	科學知識： 「物質系統」 「生命系統」 「地球和宇宙系統」 「技術系統」 關於科學的知識： 「科學探究」 「科學解釋」
能力	閱讀任務或過程的類型： 檢索資訊 解釋文本 反思和評量文本	數學「能力群」： 再現（簡單的數學運算） 連接（運用多個觀念解決直接的問題） 反思（更廣的數學思維）	科學任務或過程的類型： 識別科學問題 科學地解釋現象 運用科學證據

三、評量週期

　　PISA在2000年首次開始評量，其後每三年進行一次，根據評量年命名。PISA每九年形成一個大循環。在每一個評量週期裡，三分之二的時間會對其中一個領域進行深入評估：2000年重點評估閱讀素養；2003年重點評估數學素養；2006年重點評估科學素養；到2009年重點又回到以閱讀素養為主，2012年的評估重點是數學素養和問題解決能力。直至2015年項目告一段落，總計進行兩個週期（如表1-4所示）。

表1-4　PISA評量週期及領域

週　　期	週期一			週期二		
評量年份	2000	2003	2006	2009	2012	2015
評量領域	閱讀 數學 科學	閱讀 數學 科學 問題解決	閱讀 數學 科學	閱讀 數學 科學	閱讀 數學 科學	閱讀 數學 科學
學生自我評量	學習途徑 閱讀的投入	學習途徑 對待數學的 態度	學習途徑 對待數學的 態度			

四、PISA的研究方向

在PISA 2012中，兩項基於電腦應用的評估將成為重要的評量內容。一項是數學，另一項是問題解決的能力，其中後一項曾在PISA 2003中評量過。

數學之所以成為PISA 2012的主要評量領域，是因為一直以來，它對比較學生的表現具有重要價值，同時也為觀察教學實踐和教育政策領域的變化提供機會。PISA 2012對數學素養的評估框架，主要關注數學在技術科學事業中如何被處理和應用、如何利用這些技術進步改變問題解決的能力，這些問題被看成是這次評量的一個顯著進步。這樣的評估還考慮到理解和應用數學對15歲左右的學生正確應對未來社會挑戰的意義和重要性。而這又影響了PISA 2012對數學素養定義的修訂，其重點放在積極主動地應用數學來推理、描述、解釋和對各種環境的預測等方面。同時，它還更關注數學工具的使用，包括在技術層面作出判斷和決定。

電腦技術的發展及其在個人生活和工作中的重要意義，必然推動了PISA 2012評量框架的發展，推進了人們對數學工具的運用，並且透過電腦進行技術整合，將評量項目與測試項目融為一體。當今社會，電腦媒介正在發揮積極的作用，它讓愈來愈多的個人與世界互動；電腦技術的應用領域也不斷擴展，廣泛而深刻地影響了現代社會和個人的職業和日常生

活。人們喜歡從網路上獲取資訊，並且讓自己隨時瞭解和參與社會的發展，這已經成為現代社會的一種常態。因此，PISA將利用電腦的評估納入其框架是自然和必須的。

另外，PISA 2009曾將電子文本閱讀評估（ERA）與列印文本閱讀測試一起納入閱讀素養評估框架。PISA 2012將建構利用電腦的素養評估（CBAL）體系，其中電子文本閱讀評估將在PISA 2012中確立，繼續用來評量特定的電子文本閱讀能力。

PISA 對閱讀素養的評量

第一節　閱讀素養的涵義

一、閱讀素養定義

　　PISA 2000對閱讀素養的定義是指學生為了達到個人目標、增進知識、發展潛能以及參與社會活動而理解、運用和反思書面材料的能力。PISA 2009的評量框架中，對閱讀素養進行了重新定義和理解：閱讀素養是指學生為了達到個人目標、增進知識、發展潛能以及參與社會活動而理解、運用、反思書面文本的能力以及閱讀參與度的狀況。

　　與PISA 2000相比，PISA 2009在兩個方面擴展了對閱讀素養的界定：包括電子文本和書面文本的閱讀。PISA 2009對「書面文本」的理解也有了擴展，既包括手寫的、印刷的，也包括電子媒體呈現的文字或附有文字說明的圖片內容（但不包括錄音和錄影，也不包括沒有文字說明的圖

片），還包括閱讀的動機、態度和行為因素，即PISA所稱的閱讀參與度和學習策略，它指的是閱讀的興趣、時間、廣度、方法等。OECD報告認為，閱讀參與度和有效的學習策略不僅是影響閱讀水準的關鍵因素，而且它們本身就是重要的教育結果，它們不僅會影響學生青少年時期的生活品質，還會影響他們進一步受教育的決策，以及抓住就業機會的能力。

二、閱讀能力

PISA認為，作為一個高效率的閱讀者，必須掌握不同的認知技能。PISA評量並不把問題指向基礎性的閱讀技能，因為大多數15歲的學生已經具有了初步的閱讀能力。PISA界定的閱讀素養，是指學生能夠結合自己的知識結構，熟練地找到或重新發現自己需要的資訊，形成對文本的廣泛全面的理解，能夠解釋原因，反思文本的內容和形式，並提出他們自己的觀點（如圖2-1所示）。

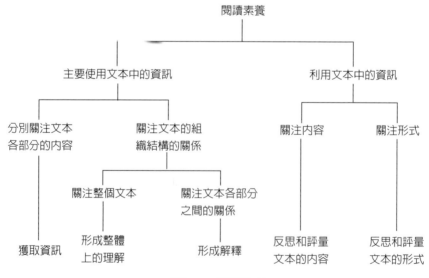

圖2-1　閱讀素養

1. 尋找或重新發現自己需要的資訊

學生必須將自己需要尋找的資訊與閱讀文本中原始（或同義）的資訊相聯繫，以快速得到所需要的結果。這些資訊往往處於句子（或段落）中，或隱藏在兩個或兩個以上的句子（或段落）裡。學生需要透過資訊的特徵、時間、背景等基本元素，迅速找到自己所需要的資訊。

2. 形成對文本的廣泛全面理解

對於連續文本，PISA或者要求學生透過認定文章的主題，表示他們對文本的理解，或者要求學生描述故事的主要特點或文章的主要觀點、確定文本的中心思想等。問題的答案可能在文本中可以直接找到，而更多的時候，則要求學生在搜尋的過程中，聯繫不同的資訊來推斷主題。對於非連續文本，則要求學生能夠解釋並確定文本涉及的範圍、寫作的目的，並且能夠綜合文本中的資訊。

3. 解釋文本中的資訊

要求學生加深並擴展他們的理解，結合自己的知識結構，聯繫閱讀文本中提供的不同資訊，對資訊進行加工處理，從而得出文本中沒有明確陳述的結果。有時，也要求學生進一步判斷作者的寫作意圖，掌握事件發生的原因等。

4. 反思文本的內容

要求學生把在文本中找到的資訊與其他的知識相聯繫，評量閱讀文本中提供的觀點；與自己原有的知識、想法和經驗相聯結，綜合判斷後，進一步提出自己的見解。對此，學生需要運用已有的相關知識，學習如何組織和運用知識。

5. 反思文本的形式

要求學生能夠客觀地評量文本的適用性，確定或評論文章的結構、風格等基本特徵，識別其邏輯組織方式，以及諷刺、幽默等寫作方法在文本中的作用等。反思文本的形式有利於更準確地理解文本和作者的意圖。

第二節 PISA對閱讀素養的評量框架

PISA閱讀素養評量的重點是測試學生在為了個人應用而閱讀,為了公共應用而閱讀,為了工作而閱讀和為了教育而閱讀的情境下提取資訊、解釋文本、反思與評量的能力。PISA以閱讀概念、閱讀過程和閱讀情境這三個向度來評估學生的閱讀素養。

一、閱讀概念

閱讀概念即是個人能閱讀文字所表達的各種類型的內容。閱讀素養評量要求學生通過閱讀不同類型的材料或文本,來完成範圍較廣泛的任務。文本形式分為四種:連續文本、非連續文本、混合文本、多重文本。

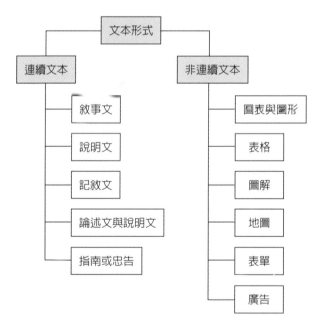

圖2-2 PISA的文本形式

1. 連續文本

由句段構成的文本，句子是文本的最小單位。學校對學生閱讀能力的評估，往往集中在以文章句子和段落構成的散文類型上，被稱為「連續文本」。根據連續文本的內容以及作者的目的，可以分為描述、敘述、說明、論證、指導、附錄材料等不同的形式，PISA 2009中，連續文本占閱讀測試內容的60%。

2. 非連續文本

非連續文本與連續文本形式不同，不是以句子為最小單位，需要不同於連續文本閱讀策略的文本，也可看做是由表單構成的文本，要求學生進行說明、解釋和討論等。這種劃分的目的，主要是考慮到學生今後在成人生活中，會經常遇到這種類型的寫作文體，而在學校的學習生活中卻很少遇到。「非連續文本」包括清單、表格、圖表、圖示、廣告、時間表、目錄、索引等。PISA 2009中，非連續文本占測試內容的30%。

3. 混合文本

由連續文本和非連續文本共同構成的單篇文本。PISA 2009中，混合文本占測試內容的5%。

4. 多重文本

由幾篇不同來源且相對獨立的文本構成，這些文本可以是連續的，也可以是非連續的，文本與文本之間的關係比較鬆散或不明顯，甚至可以互相矛盾。PISA 2009中，多重文本占測試內容的5%。由於PISA 2009測試中的多重文本都是由連續文本構成的，因此在制定閱讀分量表時，歸入連續文本量表。混合文本試題要求學生既要參考連續文本部分，又要參考非連續文本部分，這些試題沒有歸到任何一種分量表中。

表2-1　PISA 2006不同文本類型的評量比例

文本類型		閱讀評量中（%）		綜合評量中（%）	
		主評	次評	主評	次評
連續性文本	敘述性	21	16	14	11
	解說性	35	67	24	43

（續上表）

文本類型		閱讀評量中（%）		綜合評量中（%）	
		主評	次評	主評	次評
連續性文本	描述性	14	17	9	11
	論述性	20	—	13	—
	指令性	10	—	7	—
	合計	100	100	67	65
非連續性文本	曲線圖	37	20	12	7
	目錄表	29	40	9	14
	圖解設計圖	12	—	4	—
	地圖	10	10	3	4
	問卷式表格	10	30	3	11
	廣告	2	—	1	—
	合計	100	100	32	36

　　PISA測試中，各種文本類型的分布穩中有變。一般情況下，在閱讀素養測試題中，連續文本占2/3，非連續文本占1/3；連續文本中，釋義性文體所占比例最大，非連續文本中圖表和圖形、表格占有較大比例。PISA 2006的閱讀素養測試中文本類型統計如表2-1所示。PISA 2009的文本類型在原有的列印文本的基礎上，首次增加了電子文本的材料，包括各種網頁、部落格、電子郵件等。有效地進行電子閱讀，被看成是當今學生應當具備的一種「新閱讀素養」，與現代教育技術的高速發展相適應。

　　PISA 2009連續文本、非連續文本、混合文本和多重文本以列印文本和電子文本呈現的大致比例如下：

表2-2　PISA 2009文本格式的大致分布

文本格式	在PISA 2009中任務所占比例（%）	
	列印文本	電子文本
連續文本	60	10
非連續文本	30	10

（續上表）

文本格式	在PISA 2009中任務所占比例（%）	
	列印文本	電子文本
混合文本	5	10
多重文本	5	70
合　計	100	100

　　PISA把新的閱讀素養概念落實在整個閱讀評估之中，符合閱讀學習的特點，體現語言課程與評估的價值取向。學生閱讀能力不是偶爾閱讀幾次即可形成的，而要透過進行大量的閱讀，形成良好的閱讀態度、情感、習慣才能奏效。當今世界各地課程十分關注學生有興趣的、廣泛和長期的閱讀。為此，閱讀教學中不僅要教給學生閱讀理解的技能，更應培養學生長期閱讀的良好習慣與態度。

　　體現終身學習的理念。即使有較高的閱讀能力，但若不經常運用，則有退化的可能。因而學生走出學校之後，也應保持一定的閱讀習慣，才能不斷保持與提升自己的閱讀能力。

二、閱讀過程

　　閱讀過程即是個人完成不同閱讀任務的過程。任務的範圍包括：擷取和檢索、整合和解釋、反思和評量。不同任務在歷屆PISA測試的分布略有不同，但整體比例基本穩定，且將「解釋文本」一直作為重要任務，占總量的一半。

表2-3　閱讀素養測試中，任務的分布

閱讀過程	任務所占比例（%）		
	PISA 2000	PISA 2003/2006	PISA 2009
擷取和檢索	29	29	25
整合和解釋	49	50	50
反思和評量	22	21	25
合　計	100	100	100

三、閱讀情境

　　PISA認為人總是在某一特定情境下進行閱讀活動的，所以將閱讀素養的評估放置在各種閱讀情境中。但需要注意的是，這裡的「閱讀情境」不能簡單地被理解為閱讀活動發生的環境，因為它所強調的是不同的閱讀目的。這樣，PISA將閱讀情境分為以下四類：為了個人應用而閱讀，為了公共應用而閱讀，為了工作而閱讀，為了教育而閱讀。

　　1. 為了個人應用而閱讀

　　這類閱讀通常是為了保持或發展與他人的聯繫，或滿足個人的興趣需要。閱讀的內容一般包括個人信件、小說、傳記以及為滿足好奇心而閱讀的資訊性材料，這種閱讀是作為休閒、娛樂活動的一部分。

　　2. 為了公共應用而閱讀

　　這類閱讀通常是為了參與更大範圍社會活動的需要。閱讀的內容一般包括官方的檔案和關於公共事務的資訊等，如通知、布告、規章、計畫方案等。

　　3. 為了工作而閱讀

　　儘管並不是所有15歲的兒童都會為了工作而閱讀，但評量他們是否為工作而閱讀做好準備，卻是十分重要的。據PISA調查，在大多數國家，這些孩子中超過半數以上的人在一到兩年之內都會跨入勞動大軍之列。為了完成某項具體的任務，他們就需要「為了工作而閱讀」。閱讀的內容一般包括說明書、手冊、計畫表、報告、備忘錄、專案表等，是「為了做事而閱讀」。

　　4. 為了教育而閱讀

　　這類閱讀通常是為了獲取資訊，是更大的學習任務的一部分。這裡的閱讀材料通常不是由閱讀者自己選擇的，而是由教師指定的，閱讀的內容是為了教學的需要而具體設計的，包括課本、地圖、綱要等，是「為了學習而閱讀」。

　　在PISA區分的四類閱讀目的中，各類閱讀所占的比重並不相同，並且在不斷變動。如在2000年PISA閱讀測試中，「為公共應用而閱讀」占

到38%，而在2003年和2006年則降為25%。2009年又回升到30%-40%。四次閱讀測試中，「為教育而閱讀」所占的比例一直較大，2000年為28%，2003年和2006年則占到了29%；「為了個人應用而閱讀」前三次為20%-21%，2009年劇增到30%-40%。這反映了PISA對閱讀在學生終身發展中，重要作用的重視。

表2-4　歷屆閱讀素養試題情境的分布

試題情境	所占比例（%）		
	PISA 2000	PISA 2003/2006	PISA 2009（列印／電子）
為了個人應用而閱讀	20	21	30/30
為公共應用而閱讀	38	25	30/40
為了工作而閱讀	14	25	15/15
為教育而閱讀	28	29	25/15
合　計	100	100	100/100

PISA 2009測試及問卷相當關注閱讀參與度。閱讀參與度（reading engagement）即是閱讀的動機態度和行為特點；元認知（metacognition）是一個人如何思維和怎樣使用思維策略的意識和理解；閱讀參與度在閱讀素養中扮演了更為重要的角色。

第三節　PISA對閱讀素養的評量標準

一、題型設計

PISA通過提供一系列的閱讀文本，每一個文本設置一定的閱讀任務，根據學生完成閱讀任務的情況來對其閱讀素養進行評量。這些閱讀任務主要透過以下幾種不同類型的試題呈現出來：開放性的建構題、封閉性的建構題、單項選擇題以及多項選擇題。各種題型的閱讀任務量不是平均的，在PISA 2000和PISA 2003中，開放性的建構題權重最大，分別占全部閱讀試題量的44%和43%；單項選擇題的權重次之，在PISA 2000和PISA

2003中也分別占有42%和29%。此外，「解釋文本」這項閱讀任務更多地是以選擇題的形式出現，在PISA 2000和PISA 2003中，以選擇題的形式考查解釋文本的題量分別占解釋文本總題量的69%和66%。而「反思和評量」這項閱讀任務則更多的是以開放性的建構題來呈現，在PISA 2000和PISA 2003中，以開放性的建構題形式考查反思和評量的題量分別占反思和評量總題量的82%和100%。

　　PISA 2009的閱讀紙筆測試有130多道試題，被分為七個單元組，每個單元組大概需要半小時做完。閱讀單元組和數學、科學單元組放在一起，組成13套試題本，每本試題本包含四個單元組，每個學生只需做一本試題本，答題時間是二小時。由於閱讀是PISA 2009的主要測試領域，所以每個試題本至少包含一個閱讀單元組。

　　PISA 2009試題本是按照一個個單元組織起來的，每個單元由一段引導材料和3-5個問題構成，引導材料包括文本、表／圖表，問題針對上述材料的各個方面。

二、試題評分

　　對於那些答案只有「對」或「錯」兩種情況的選擇題來說，評分相對要簡單一些：題目的正確答案是唯一的，學生選出了正確答案則得分，沒有選出正確答案則不得分。而另外一些題目則不然，對於這些題目來說，答案並不以截然相反的「對」或「錯」來標定。對這樣的試題進行評分，要根據學生答題的具體情況部分給分。這種基於心理測量學理論的評分原則獲得了愈來愈多的人的青睞，因為它對學生的答題情況作了更為細緻的分析和比較，比「對」「錯」兩分的評分原則更能反映出學生不同層次的思維發展水準。當題目需要學生作出建構性回答的時候，往往會使用這種部分給分的評分原則。

　　在對那些建構性的題目進行評分的時候，為了盡可能地減少評分者的主觀性，使評分者能夠更為科學合理地對學生的作答情況進行評分，每一道題都會附有非常詳細的評分指導。這些評分指導會明確地描述出在每一

道題上得不同分數的學生其作答的基本情況，並附有從大量前測中得到的各分數段學生答題情況的具體樣例。PISA閱讀素養評量中建構性試題的評分者，都要經過嚴格的培訓，整個評分過程也會受到嚴密的監控。

三、水準等級

PISA把閱讀精通熟練程度分為五個層級，每一層級不僅表示一定範圍內的知識和技能，而且也表示學生在一定範圍內表現出來的熟練程度。根據學生能完成的不同難度的閱讀任務，來確定其所處的發展等級，簡單些的任務要求學生能處理基本的文本，愈難的任務所涉及的文本內容愈複雜，意義也愈不明確，也表示學生的閱讀能力發展層級愈高。

下面是PISA中閱讀能力五層級的具體內容（見表2-5所示）。

表2-5　PISA的閱讀能力層級

層級	檢索資訊	整體理解	反思與評量
五	找出多處潛藏資訊，指出文本中與閱讀目的相關的資訊。處理文本中存在的隱晦資訊	能解釋語言的細微差別，並能闡釋對文本全面、詳細的理解	利用專業知識批判性地評量或提出假設。依靠對複雜文本的深層理解處理和期望相反的概念
四	在相似語境或格式的文本中找出多處潛藏資訊，能將其排序或整合，推斷出與閱讀目的相關的資訊	在陌生情境中綜合理解全文，處理一些含糊的、與預期相反的資訊。能通過整體考慮全文來解釋文本某部分的意義	運用常識或假設，批判性地評量文本。展現對長篇或複雜文本的精確理解
三	找出並識別各處資訊間的聯繫，每一處資訊能滿足多重標準，能處理相互牴觸的資訊	根據對文本各部分的理解，綜合得出文本的中心意思。理解文本各部分間的關係，解釋詞和詞組的意思。結合眾多標準對它們進行比較、對比和歸類	找聯繫、作比較、作出解釋，並對文本的特點進行評量。利用日常知識形成對文本的細緻理解
一	找出一處或多處資訊，每一處資訊根據需要能滿足多重標準。處理一些有難度的資訊	能確認文本的主要意思，理解各部分間的關係，可進行簡單的分類，能進行簡單推理，能解釋部分文本的意義	形成文本和外界的聯繫和對比，能利用個人經驗和態度解釋文本的特點

（續上表）

層級	檢索資訊	整體理解	反思與評量
一	在意義明確的文本中找出一處或多處獨立資訊，這些資訊一般較短、難度不大、標準單一	對熟知話題的文本，能識別文本的主要意思和作者的意圖	能在文本資訊和日常知識之間建立簡單的聯繫

　　從表中可以看出，達到層級五的學生有能力完成精細複雜的閱讀任務，如能找出多處潛藏資訊、處理文本中存在的隱晦資訊、利用專業知識對文本作出批判性評量等；達到層級一的學生則僅能完成簡單的閱讀任務，如找出一條資訊、識別文章的主要意思、與日常生活建立簡單的聯繫等。

　　在PISA的閱讀精熟度水準表中，達到特定水準的學生不只是表現出與其特定層級相關的知識和技能，也表現出與低層級相關的知識和技能，如達到層級三的學生同時也具備層級一和層級二中所描述的各項閱讀能力。

　　PISA的平均分為500，分值偏差是100分，也就是說，OECD成員國2/3的學生都有可能是400分或600分。PISA對閱讀能力評量的五個層次的基本定位是：第五層次的分數在625分以上；第四層次，在553-625分之間；第三層次，在481-552分之間；第二層次，在408-480分之間；第一層次，在335-407分之間。

　　PISA 2009認為，對高端閱讀成績的評量目前沒有界限。可以說，上限水準有極高表現的學生帶有一些不確定性。為了更好地對學生的分數作出解釋，說明達到某個分數的學生能夠做什麼，PISA 2009將學生的精熟度水準和試題的難度分為相對應的七個等級水準。1b級是最低水準，往上依次是1a級、2級、3級、4級、5級和6級。其中水準1b是最低的描述水準，接著是水準1a、水準2直到水準6。各層級的閱讀素養成績分布如表2-6所示。

表2-6　PISA 2009閱讀精熟度水準分布

閱讀素養層級	閱讀素養分數
6	698以上
5	626-698
4	553-625
3	481-552
2	408-480
1a	335-407
1b	262-334
低於1b	低於262

　　OECD把各國達到最高精熟度水準的學生比例看做這些國家未來競爭能力的基礎。反過來說，幾乎沒有學生處於最高水準的國家，則可能會因此面臨未來的挑戰。此外，處於最低精熟度水準的學生比例也要引起特別的注意，因為這意味著人力資源負擔的大小和所要投入的補償資源的多少。

第四節　閱讀素養測試樣題及分析

閱讀樣題1　刷牙

　　是不是我們刷牙的時間愈長，愈用力刷，我們的牙齒就會愈乾淨呢？

　　英國研究人員指出事實並非如此。他們實際嘗試過許多不同的方法，結果發現最佳的刷牙方式為：刷2分鐘，不要太用力，效果最好。如果刷得太用力，就會傷害你牙齒的琺瑯質和牙齦，而且還無法清除食物殘渣或牙菌斑。本特·漢森是一位研究刷牙的專家，她認為握牙刷最好像握筆一樣。「從一側開始刷，沿整排牙齒刷過去。」她說，「也別忘了刷舌頭！實際上，舌頭上面可能會有大量導致口臭的細菌。」

　　〈刷牙〉一文來自挪威的一份雜誌。請依據以上〈刷牙〉，回答下列問題。

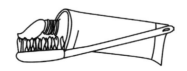

【問　　題】　1. 這篇文章是關於什麼的？

A.最佳的刷牙方法。

B.最好用的牙刷。

C.一口好牙的重要性。

D.不同人們刷牙的方法。

【閱讀情境】　教育

【文本形式】　連續文本

【文本類型】　說明文

【閱讀過程】　整合與解釋──形成廣泛的理解

【題　　型】　選擇題

【難　　度】　350（等級1a）（PISA 2009）

【評分標準】　滿分：A.最佳的刷牙方法。

【問　　題】　2. 英國研究人員有什麼建議？

A.要盡可能地多刷牙。

B.不要試著刷舌頭。

C.不要太用力地刷牙。

D.刷舌頭要比刷牙的次數更多。

【閱讀情境】　教育

【文本形式】　連續文本

【文本類型】　說明文

【閱讀過程】　擷取與檢索──獲取資訊

【題　　型】　選擇題

【難　　度】　355（等級1a）（PISA 2009）

【評分標準】　滿分：C.不要太用力地刷牙。

【問　　題】　3. 根據本特・漢森的觀點，為什麼你應該刷舌頭？
【閱讀情境】　教育
【文本形式】　連續文本
【文本類型】　說明文
【閱讀過程】　擷取與檢索——獲取資訊
【題　　型】　簡答題
【難　　度】　271（等級1b）（PISA 2009）
【評分標準】　滿分：提及細菌或消除口臭，或同時包括兩方面。回答可
　　　　　　　以改寫或直接引用原文。

　　　　・消除細菌。

　　　　・你的舌頭上會帶有細菌。

　　　　・細菌。

　　　　・因為你可以避免口臭。

　　　　・口臭。

　　　　・清除細菌，這樣你就沒有口臭了。〔兩方面〕

　　　　・實際上，舌頭上面可能有大量導致口臭的細菌。〔兩方
　　　　　面〕

　　　　・細菌可能導致口臭。

【問　　題】　4. 為什麼文中提到筆？
　　　　　　　A.幫助你瞭解怎樣握牙刷。
　　　　　　　B.因為你同時用筆和牙刷從一側開始。
　　　　　　　C.表示你可以用許多不同的方法刷牙。
　　　　　　　D.因為你刷牙應像寫字那麼認真。
【閱讀情境】　教育
【文本形式】　連續文本
【文本類型】　說明文

【閱讀過程】 反思與評量——省思與評鑑文本形式

【題　　型】 選擇題

【難　　度】 402（等級1a）（PISA 2009）

【評分標準】 滿分：A.幫助你瞭解怎樣握牙刷。

閱讀樣題2　熱氣球

　　2005年11月26日，印度飛行員賈伊派特・辛哈尼亞打破了熱氣球飛行高度的紀錄，他是第一個駕駛熱氣球到達海拔21,000公尺高度的人。

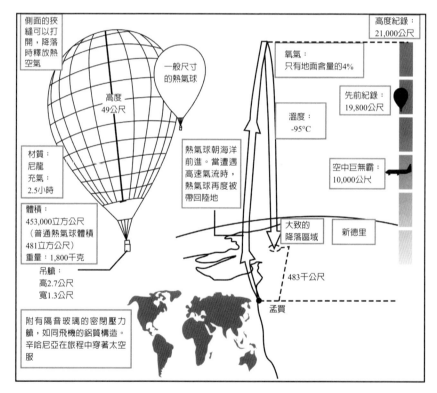

圖2-3　熱氣球的高度紀錄

根據「熱氣球」，回答下列問題：

【問　　題】 1. 這篇課文的主要意思是什麼？

　　　　　　　A.辛哈尼亞的氣球之旅處於危險之中。

　　　　　　　B.辛哈尼亞創造一項新的世界紀錄。

　　　　　　　C.辛哈尼亞遊遍陸地和海洋。

　　　　　　　D.辛哈尼亞的氣球是巨大的。

【閱讀情境】 教育

【文本格式】 非連續文本

【文本類型】 描述

【閱讀過程】 整合和解釋——形成廣泛的理解

【題　　型】 選擇題

【難　　度】 370（等級1a）（PISA 2009）

【評分標準】 滿分：B.辛哈尼亞創造一項新的世界紀錄。

【點　　評】

　　這篇非連續文本的主要意思通過幾次強調已經明確，包括標題「熱氣球的高度紀錄」。突出和重複所需要的資訊有助於我們理解：它處於水準1a級下半部分。雖然其主要意思已明確表示，這個問題列為整合和解釋，與各選項形成一個廣泛認識，但在文本中的所屬資訊中，它涉及最顯著和一般的區分。第一個選項「辛哈尼亞的氣球之旅處於危險之中」是一個似是而非的猜測，它不支援任何文本，所以並不適合作為主要意思。第三個選項「辛哈尼亞遊遍陸地和海洋」是根據文本中資訊準確的釋義，但它是一個細節，而不是主要的意思。第四個選項「辛哈尼亞的氣球是巨大的」指的是文本中一個引人注目的圖形特徵，但不屬於主要意思。

【問　　題】 2. 辛哈尼亞採用了其他兩種交通工具的技術，是指哪幾種交通工具？

　　　　　　　(1)_____

　　　　　　　(2)_____

【閱讀情境】 教育

【文本格式】　非連續文本

【文本類型】　敘述文

【閱讀過程】　擷取與檢索——找回資訊

【題　　型】　簡答題

【難　　度】　滿分595（等級4），部分得分449（等級2）（PISA 2009）

【評分標準】　滿分：同時提及飛機和太空船（次序不拘）（可將兩個答
　　　　　　　案寫在同一行中）。例如：

　　　　　　　1.飛機　　　　　　　　　　2.太空船
　　　　　　　1.航空旅行　　　　　　　　2.航太火箭
　　　　　　　1.噴氣機　　　　　　　　　2.太空船

　　　　　　　部分得分：只提到飛機或太空船。例如：

　　　　　　　飛船　　太空旅行　　太空火箭　　火箭　　飛機　　航空旅行
　　　　　　　噴氣機

【點　　評】

　　本題滿分列出兩種類型的交通工具，部分得分只列出一種類型的交通
工具。以上的評分規則顯示，評分可用幾個不同方面的關鍵字：「飛機」
和「飛船」。滿分處於4級水準，部分得分處於2級水準。這一訪問和檢索
的問題，帶有很大的挑戰性。

　　本題的難點是受到許多文本特徵的影響，幾種不同類型的圖形、多
個標題，就是一個相當常見的非連續文本，這種布局常常在雜誌和現代教
科書上看到。由於它沒有傳統的有序結構（例如不像一張桌子或圖形），
發現有針對性的離散資訊塊，其效率相對低下。標明（「布」、「高度紀
錄」等）資訊為讀者瀏覽文本時提供一些支援，但這個任務具體要求的資
訊沒有標出，使讀者在資訊搜索時，形成他們自己的相關資訊的分類。讀
者一旦發現所需要的資訊位於圖的左下角，他們需要認識到「鋁合金結
構，如飛機」和「太空衣」相關範疇的交通工具。

　　為了獲得這個問題的滿分，答案必須參考一種形式或轉化形式，而不
是簡單地抄寫一下近似的文字部分。因此「太空旅行」得滿分，但「太空
衣」則不行。文本中重要片段資訊的競爭性構成，提高了難度。許多學生

在回答時提及「巨無霸客機」。「空中旅行」或「飛機」或「噴氣式」都能得滿分，巨無霸客機被認為是指具體的圖像，這個答案沒有給滿分，因為用於辛哈尼亞氣球的是指巨無霸客機的技術，不包括材料。

【問　　題】　4. 為什麼在文章中有張空中巨無霸的插圖？

【閱讀情境】　教育

【文本形式】　非連續文本

【文本類型】　敘述文

【閱讀過程】　反思與評量

【題　　型】　開放式建構問答題

【難　　度】　526（等級3）（PISA 2009）

【評分標準】　滿分：提及高度。可以提及空中巨無霸與熱氣球的比較。顯示熱氣球飛得多高，強調熱氣球真的飛得非常高，顯示他的紀錄令人印象相當深刻，他飛得比空中巨無霸還高！作為高度的參照依據。

圖2-4

【問　　題】　6. 一般尺寸的熱氣球高度為49公尺，為什麼要有兩個熱氣球的插圖？

　　　　　　A.比較辛哈尼亞的熱氣球充氣前與充氣後的尺寸。

　　　　　　B.比較辛哈尼亞的熱氣球與其他熱氣球的尺寸。

　　　　　　C.顯示辛哈尼亞的熱氣球從地面上看起來很小。

　　　　　　D.顯示辛哈尼亞的熱氣球差點撞到另一個熱氣球。

【閱讀情境】　教育

【文本形式】　非連續文本

【文本類型】　敘述文

【閱讀過程】　反思與評量

【題　　型】　選擇題

【難　　度】　414（等級2）（PISA 2009）

【評分標準】　滿分：B.比較辛哈尼亞的熱氣球與其他熱氣球的尺寸。

閱讀樣題3　乍得湖

　　圖2-5表示北非撒哈拉乍得湖水平面的變化。西元前約20000年，在後冰河時期，乍得湖完全消失。大約在西元前11000年乍得湖又重現。現在乍得湖的水位與西元1000年大致相同。

　　圖2-6表示撒哈拉的岩畫（古代洞穴壁上的圖畫）和野生動物種類的變化情況。

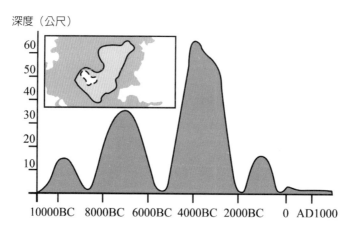

圖2-5　北非撒哈拉乍得湖水平面的變化

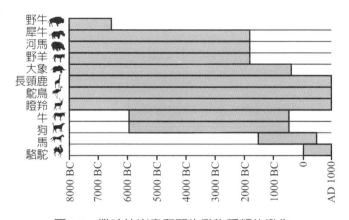

圖2-6　撒哈拉岩畫和野生動物種類的變化

　　根據以上關於乍得湖的資訊，回答下列問題：

【問　　題】　1. 現在乍得湖有多深？

　　　　　　　A. 約2公尺。

　　　　　　　B. 約15公尺。

　　　　　　　C. 約50公尺。

　　　　　　　D. 它完全消失。

　　　　　　　E. 資訊沒有提供。

【評分標準】　滿分：A. 約2公尺。

　　　　　　　零分：其他答案或沒有作答。

【相對難度】　478（PISA 2006）

【正 確 率】　65%（OECD）

【評量能力】　正確檢索資訊的能力。

【問　　題】　2. 圖2-5大概以哪一年作為起點？

【評分標準】　滿分：11000BC（或接近10500與12000之間，或從刻度中推
　　　　　　　斷其他跡象）。

　　　　　　　零分：其他答案或沒有作答。

【相對難度】　540（PISA 2006）

【正　確　率】　65%（OECD）

【評量能力】　正確檢索資訊的能力。

【問　　　題】　3. 為什麼作者在圖中選擇這一點作為起點？

【評分標準】　滿分：有助於重現乍得湖。譬如：

　　　　　　　・乍得湖在大約西元前20000年完全消失後，於西元前11000
　　　　　　　　年前重現。

　　　　　　　・乍得湖在冰河時期消失，然後大約在這個時候又重新出
　　　　　　　　現。

　　　　　　　・那時乍得湖重現了。

　　　　　　　・乍得湖重現了。

　　　　　　　・乍得湖大約於西元前11000回來。

　　　　　　　零分：其他答案或沒有作答。

【相對難度】　600（PISA 2006）

【正　確　率】　50%（OECD）

【評量能力】　反思和評估文本的能力。

【問　　　題】　4. 圖2-6基於的假設是什麼？

　　　　　　　A.他們在岩畫中所畫的動物，都是該地區當時所存在
　　　　　　　　的。

　　　　　　　B.岩畫畫家的技巧相當高。

　　　　　　　C.岩畫畫家周遊各地。

　　　　　　　D.岩畫中的動物都不是家養的。

【評分標準】　滿分：A.他們在岩畫中所畫的動物，都是該地區當時所存
　　　　　　　在的。

　　　　　　　零分：其他答案或沒有作答。

【相對難度】　397（PISA 2006）

【正　確　率】　77%（OECD）

【評量能力】　正確解釋文本的能力。

【問　　題】　5. 這個問題必須把圖2-5和圖2-6的資訊畫在一起。

犀牛、河馬和野牛從撒哈拉岩畫中消失，是因為（　　　）。

A.冰河期將要開始。

B.在週期性的變化中，乍得湖的水位達到最高。

C.乍得湖的水位已下降了1,000多年。

D.無關緊要的乾旱週期開始了。

【評分標準】　滿分：C.乍得湖的水位已下降了1,000多年。

零分：其他答案或沒有作答。

【相對難度】　508（PISA 2006）

【正 確 率】　57%（OECD）

【評量能力】　正確解釋文本的能力。

閱讀樣題4　流行性感冒

ACOL流感疫苗注射計畫

大家都應該注意到冬季來臨時，流感會迅速並廣泛地蔓延，並有可能持續幾個星期。

對抗病毒的最佳方法是保持健康的體魄。堅持每天鍛鍊身體、多吃蔬菜和水果等都是很好的方法，幫助身體的免疫系統戰勝這種入侵的病毒。

ACOL決定為員工提供流感預防疫苗注射，這是一種額外的方法，以防止這種潛藏的病毒在人群中傳播。公司已安排一名護士負責疫苗注射，計畫將於5月17日起一周內，在上班時間的上午或下午進行。這次疫苗注射是免費的，所有員工均可參加。

參加疫苗注射純屬自願性質。願意接受注射的員工要填寫同意書，證明本身並無任何過敏症，並知道注射後可能會產生輕微的副作用。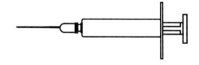

醫學資料顯示，疫苗注射不會感染流感，但卻可能導致其他副作用，

如疲乏無力、輕微發熱和臂膀酸痛等。

誰應該接受注射？

任何有興趣受到保護以對抗病毒的人。

這項注射計畫特別向65歲以上的員工推薦。但無論年紀大小，任何人患有長期消耗性疾病，特別是心臟病、肺部疾病、支氣管病和糖尿病，都極力推薦他們接受注射。身處辦公室，每個人都有染上流行感冒的風險。

誰不應接受注射？

對雞蛋過敏的人、發高燒的人及孕婦，均不適宜接受注射。

如果你正在服用藥物，或以前曾對流感疫苗有特殊反應，注射前應先徵求醫生的意見。

如果你想在5月17日的那個星期內接受疫苗注射，請於5月7日（星期五）前，通知人事部主任McSweeney。人事部會根據護士的工作時間、參加人數和大部分員工較方便的時間，安排接受注射的日期和時間。若你有意接受這個冬天的疫苗注射，但卻不能按所定的時間參加，亦請通知McSweeney。若有足夠人數，人事部可能會安排另一次疫苗注射。

查詢其他詳細資料，請撥內線5577，與McSweeney聯繫。

McSweeney是ACOL的人事部主任，她為ACOL的員工預備了上述通告。請參考通告並回答以下問題：

【問　　題】　1. 以下哪句描述了ACOL的流感疫苗注射計畫的特色？

　　　　　　　A.公司將會在冬天每天舉辦體操班。

　　　　　　　B.在辦公時間內進行疫苗注射。

　　　　　　　C.參加疫苗注射的員工會得到少量獎金。

　　　　　　　D.會由一位護士負責注射疫苗。

【評分標準】　滿分：B.在辦公時間內進行疫苗注射。

　　　　　　　零分：其他答案或沒有作答。

【相對難度】　443（PISA 2006）

【正　確　率】　70%（OECD）

【評量能力】　正確檢索資訊的能力。

【問　　題】　2. 我們可以討論一篇文章的內容（文章說些什麼）。
　　　　　　　　我們可以討論一篇文章的風格（它的表達手法）。
　　　　　　　　McSweeney想將這篇通告的風格寫成較親切和有鼓勵性。
　　　　　　　　你認為她會成功嗎？
　　　　　　　　請仔細地根據版面編排、寫作風格、圖畫或其他圖像來
　　　　　　　　解釋答案。

【評分標準】　滿分：基於文本來回答問題，並將文章的形式和其寫作目
　　　　　　　　的聯繫起來討論，而且和作者「親切與鼓舞人」的目標一
　　　　　　　　致。答案需至少包括以下一項：
　　　　　　　　(1)詳細說明一個特色（版面編排、寫作風格、圖畫或其他
　　　　　　　　　　圖像）──即說明該特色的某個部分或特質；和／或。
　　　　　　　　(2)用其他詞語去評量，代替「親切和有鼓勵性」。
　　　　　　　　明確或不明確地指出McSweeney是否成功。
　　　　　　　　‧成功，在文首加上針筒圖畫是一個壞主意，其令人感到
　　　　　　　　　　害怕。〔指出設計上的某個具體問題：圖畫(1)。運用自
　　　　　　　　　　己的詞語作出評量：「害怕」(2)〕
　　　　　　　　‧成功，圖畫將文章分成若干段落，使文章更易閱讀。
　　　　　　　　　　〔提及有關版面編排的某個具體方面(1)〕
　　　　　　　　‧哪個細菌的卡通令人感到親切。〔提及有關圖像的某個
　　　　　　　　　　具體方面（卡通化）(1)〕
　　　　　　　　‧不成功，圖畫既幼稚又與文章不相關。〔運用自己的詞
　　　　　　　　　　語：用「幼稚」、「不相關」去評量上述提及的其中一
　　　　　　　　　　個特色(2)〕
　　　　　　　　‧成功，寫作手法輕鬆而不拘謹。〔運用自己的詞語：用
　　　　　　　　　　「輕鬆」、「不拘謹」去評量上述提及的其中一個特色
　　　　　　　　　　(2)〕
　　　　　　　　‧成功，風格溫馨而吸引人。〔運用自己的詞語來評量風

格(2)〕

・太多文字，讀者不會有耐心閱讀。〔指出一個與表達方式相關的特點：文章的長度(1)。用自己的詞語去評量(2)〕

・她沒有強迫讀者接受防疫注射，這反而起了鼓勵作用。〔暗示了與態度和語氣有關的方面：風格的某個特點(2)〕

・不成功，寫作風格過於嚴肅。〔具有爭議性，但合理地運用自己的詞語作出評量：「嚴肅」(2)〕

部分得分：準確地引述原文，把資料及內容（而非風格）與目的相聯繫，指出「親切和有鼓勵性」。明確或不明確地指出McSweeney是否成功。

・不成功，要把有關「防疫注射」的資訊變得親切和有鼓勵性，是沒有可能的。

・是，她成功了。她提供很多機會，又安排時間給員工接受流感防疫注射，並就健康問題提出建議。

零分：答案不充分或意思含糊。重複問題的資料，沒有提供新的資訊；對文章的理解不足，或答案不合理或與問題無關。或沒有作答。

【相對難度】　完全正確583，部分得分542（PISA 2006）

【正　確　率】　44%（OECD）

【評量能力】　反思和評估文本的能力。

【問　　題】　3. 根據通告所說，如果你要預防流行感冒病毒的侵襲，注射流感疫苗（　　　）。

A.比每日做運動和健康飲食更有效，但更具風險性。

B.是一個好的方法，但並不能代替運動和健康的飲食。

C.與運動和健康飲食同樣有效，而且比較方便。

D.如果你有足夠的運動和健康的飲食，這個方法便不值

得考慮。

【評分標準】　滿分：B.是一個好的方法，但並不能代替運動和健康的飲
食。

零分：其他答案或沒有作答。

【相對難度】　521（PISA 2006）

【正　確　率】　53%（OECD）

【評量能力】　正確解釋文本的能力。

【問　　題】　4. 在通告上有一句是這樣寫的：

誰應該接受注射？

任何有興趣受到保護以對抗病毒的人。

這段文字中有下面這些內容：

Fiona將資訊單發布出去以後，一位同事告訴她說應該刪
掉「任何想保護自己不受病毒侵害的人」，因為這麼說
會使別人誤解。

你認為這句話會使人誤解而應該刪掉嗎？解釋你的原
因。

【評分標準】　滿分：聯繫「誤解」一詞評量文章，指出文章潛在的矛盾
之處。（「哪些人應該注射流感疫苗？任何……」；「哪
些人不應該注射流感疫苗？」）可能解釋了，也可能沒解
釋。矛盾到底是什麼？回答不管是肯定的還是否定的，這
個結論可以明確表達出來，也可以隱含在具體的論述中。
例如：

・是，這句話會使人誤解而應該刪掉。因為有些人注射疫
苗將是十分危險的。（例如：孕婦）〔對存在的矛盾進
行了描述〕

・不，這句話不會使人誤解，不應該刪掉。因為只要你再
讀上幾行就會知道，有些人不應該注射疫苗，但總體上
說，她是希望人們注射的。

- 是，這句話會使人誤解而應該刪掉。因為她說「任何人」都能注射，後來卻又說有些人不能注射。〔找到了矛盾所在〕
- 這句話說每個人都應該注射疫苗，這是不對的。〔簡單地指出了矛盾〕

或者：聯繫「誤解」一詞評量文章，指出這句話說得太誇張了（並不是每個人都需要注射疫苗，或者說注射疫苗也不能解決所有問題）。可能解釋了，也可能沒解釋到底哪兒誇張了。回答不管是肯定的還是否定的，這個結論可以明確表達出來，也可以隱含在具體的論述中。例如：

- 應該刪掉這句話，因為注射流感疫苗並不能保證讓你不得流感。
- 我不同意刪掉這句話，雖然這句話聽起來好像意思是如果不注射流感疫苗，你就肯定會得流感似的。
- 注射流感疫苗不能保證萬無一失。
- 應該刪掉這句話，因為如果个是身強體健的話，每個人都會得流感。
- 是，我同意刪掉這句話，因為它言過其實了（儘管不太具體，但指出了有誇張的成分存在）。

零分：對文章作出了評量，但沒有連結上「誤解」一詞。

例如：

- 指出這句話很有說服力，很有效，而且／或者很鼓舞人，但沒有提到潛在的矛盾或讓人產生誤解的因素。
- 指出「任何想保護自己不受流感病毒侵害的人」這句話很多餘，因為任何人都是想保護自己而不受流感病毒侵害的。
- 或者：回答不充分或者模糊不清，或者只是把「誤解」這個詞又說了一遍，而沒有具體解釋。
- 或者：答題情況反映了對文章理解上的錯誤，或者答案

不合理，或者答非所問。

．或者：沒有作答。

【相對難度】 637（PISA 2006）

【正 確 率】 37%（OECD）

【評量能力】 反思和評量文本的能力。

【問　　題】 5. 根據上面這段文字所提供的資訊來判斷，哪些員工將應
該和Fiona聯繫？

A.市場部的Steve。他不想注射流感疫苗，因為他更相信
自己身體的免疫系統。

B.銷售部的Julie。她想知道注射流感疫苗計畫是不是強制
性的。

C.郵件收發室的Alice。她想注射疫苗，但是兩個月以後
要生孩子。

D.財務部的Michael。他想注射疫苗，但5月17日那一天他
將外出。

【評分標準】 滿分：D.財務部的Michael。他想注射疫苗，但5月17日那一
天他將外出。

零分：其他答案或沒有作答。

【相對難度】 562（PISA 2006）

【正 確 率】 45%（OECD）

【評量能力】 正確解釋文本的能力。

閱讀樣題5　塗鴉

塗鴉是指在牆壁或其他地方的非法書畫。閱讀兩封來自網際網路關於
「塗鴉」的信件，並回答下列問題。

塗　鴉

【閱讀材料】1

為了去掉牆上的塗鴉，這已經是第四次清洗學校牆壁，這真的使我氣極了。創作本來是值得欣賞的，但創作的方式不應該為社會帶來額外的開支。

為什麼要在禁止塗鴉的地方亂畫東西，損壞年輕人的聲譽？專業的藝術家不會把自己的作品掛在大街上，對嗎？相反，他們會通過合法的展覽來賺取收入和名聲。

我認為樓房、籬笆和公園的長椅本身就是藝術品了，在它們上面塗鴉，只會破壞其風格，而且，這樣做更會破壞臭氧層。我真不明白這些可恥的藝術家為什麼在其「藝術品」被一次又一次地清理後，還要不斷地亂塗亂畫。

——海爾格

【閱讀材料】2

品味是無法言喻的。社會上充滿了各種各樣的溝通方式和廣告宣傳，如公司的標誌、店名，還有矗立在大街兩旁的各種擾人的大型看板。它們是否獲得大眾的接受？沒錯，大多數是。而塗鴉是否獲得大眾的接受？有些人會接受，但有些人則不接受。

誰負責塗鴉所引起的費用？誰最終負擔廣告的費用？對，就是消費者。那些樹立起看板的人事先有沒有向你請示？當然沒有。那麼，塗鴉者應該要事先請示嗎？你的名字、組織的名字，以及街上的大型藝術品，這些不都只是溝通的方式嗎？

試想想數年前在商店裡出現的條紋和格子花服裝，還有滑雪服飾。這些服飾的圖案和顏色就是直接從多彩多姿的牆上偷來的。可笑的是，這些圖案和顏色竟然被欣然接受，但是那些有同樣特色的塗鴉卻被認為是討人厭的。

現在要做藝術，真的不容易。

——索菲婭

【問　　題】　1. 這兩封信的寫作目的都是（　　　　）。

A.解釋什麼是塗鴉。

B.發表對塗鴉的意見。

C.證實塗鴉的流行程度。

D.告訴讀者清除塗鴉的成本。

【評分標準】　滿分：B.發表對塗鴉的意見。

零分：其他答案或沒有作答。

【相對難度】　421（PISA 2006）

【正　確　率】　76%（OECD）

【評量能力】　正確解釋文本的能力。

【問　　題】　2. 為什麼索菲婭會提及廣告宣傳一事？

【評分標準】　滿分：答案中能夠認識到在塗鴉和廣告之間有一個比較，並認同廣告是塗鴉的一種合法形式。或者認識到廣告是定義塗鴉的一種策略的答案。

零分：不足或不清楚的回答。或者對材料的不準確或者不真實、不切題的答案。

【相對難度】　542（PISA 2006）

【正　確　率】　67%（OECD）

【評量能力】　正確解釋文本的能力。

【問　　題】　3. 我們可以討論一封信件敘述的事情（它的內容）；我們可以討論一封信件寫作的手法（它的風格）。不論你同意哪個作者的論點，你認為哪一封信寫得比較好？請根據其中一封信或者兩封信的寫作手法來解釋作答。

【評分標準】　滿分：通過指出至少一位作者信函的內容來解釋自己的觀點。可以提出作者論據細節大致的立場（即支持或者反對）。作者論點的解釋必須看起來合理。解釋可以採用文章部分段落的形式，但是不能沒有改變或增加，整篇或大

量地複製。

零分：直接引用文章內容對自己的觀點提供論據。或者不足或者不清楚的答案。或者對材料的不準確或不真實、不切題的答案。

【相對難度】　471（PISA 2006）

【正　確　率】　53%（OECD）

【評量能力】　反思和評量文本的能力。

【問　　題】　4. 你同意哪一封信的論點？請參照兩封信件的內容，用自己的文字解釋作答。

【評分標準】　滿分：關於一封或者兩封信件形成的觀點解釋的答案。他們應該提出各種標準，例如寫作形式、辯論結構、論據的說服力、語氣、使用術語，或者說服讀者的策略。像「更好的論點」這樣的術語必須被體現。

零分：關於是否同意作者觀點的判斷或者簡單解釋內容的回答。或者沒有足夠解釋判斷的回答。或者對材料的不準確或不真實、不切題的答案。

【相對難度】　581（PISA 2006）

【正　確　率】　45%（OECD）

【評量能力】　反思和評量文本的能力。

閱讀樣題6　勞動力

　　下面的樹狀圖顯示某國的勞動力或工作年齡人口的結構（1995年的全部人口是340萬）。

年度勞動力結構（截至1995年3月31日）

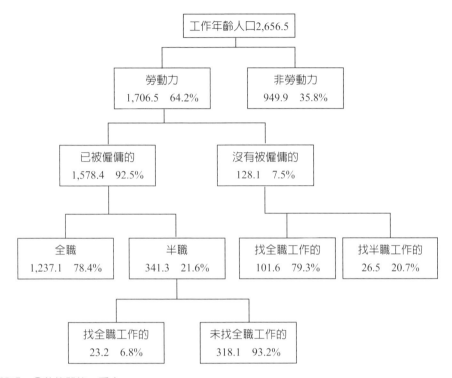

說明：①數位單位：千人。

　　　②工作年齡人口規定為：15至65歲之間。

　　　③「非勞動力」指的是：不積極找工作或者不勝任工作的人。

根據以上關於國家勞動力結構顯示的資訊，回答下列問題：

【問　　題】　1. 將工作年齡人口分為哪兩大組？

　　　　　　　A.在職的和失業的。

　　　　　　　B.工作年齡和非工作年齡。

　　　　　　　C.全職工人和兼職工人。

　　　　　　　D.勞動力和非勞動力。

【評分標準】　滿分：D.勞動力和非勞動力。

　　　　　　　零分：其他答案或沒有作答。

【相對難度】　477（PISA 2006）

【正　確　率】　63%（OECD）

【評量能力】　正確解釋文本的能力。

【問　　題】　2. 在工作年齡人口中有多少非勞動力？（寫出人數，不寫百分數）

【評分標準】　滿分：整合樹狀圖和註腳中的資訊，成為完整的資料：949,900。在用圖表或語言表述時允許近似值949,000-950,000。將近100萬、約90萬也可。

部分得分：只表述樹狀圖中的資料，沒有整合註腳的資訊。如949.9、約950、將近1,000等。

零分：其他答案或沒有作答。

【相對難度】　完全正確631，部分得分485（PISA 2006）

【正　確　率】　46%（OECD）

【評量能力】　正確檢索資訊的能力。

【問　　題】　3. 根據樹狀圖提供的資訊，選擇填空（用「✓」標注），其中第一項已經給了示例。

	在職的勞動力	非在職的勞動力	非勞動力	不屬於以上類型
半日制工作的35歲工人	✓			
每周工作60小時的43歲成年女性				
21歲的全日制學生				
曾在超市工作的28歲男士，正在尋找工作				
從來沒有工作過的55歲女士				
每天在家裡工作幾個小時的80歲老人				

【評分標準】　滿分：5個正確。

　　　　　　　部分得分：3-4個正確。

　　　　　　　零分：0-2個正確。

【相對難度】　完全正確727，部分得分473（PISA 2006）

【正　確　率】　39%（OECD）

【評量能力】　正確解釋文本的能力。

【問　　　題】　4. 假設勞動力的資訊每一年都像這樣用樹狀圖來表示。下表列出了樹狀圖的四種特定的項目，你認為這些項目是否每年都隨時間發生變化？請用文字（變化或不變化）把你的判斷填寫在相應的欄位裡。

樹狀圖的特定專案	答案
每一方框的標籤（例如：勞動力）	不變化
百分比（例如：64.2%）	變化
數字（例如：2,656.5）	變化
樹狀圖的腳注	不變化

【評分標準】　滿分：3個正確。

　　　　　　　零分：0-2個正確。

【相對難度】　445（PISA 2006）

【正　確　率】　69%（OECD）

【評量能力】　反思和評量文本的能力。

【問　　　題】　5. 樹狀圖是表達有關勞動力結構資訊的一種形式，人們也能通過其他方式來表達，如文字描述，繪製圓形圖、柱狀圖和折線圖。選擇樹狀圖的原因在於，它特別能夠顯示出（　　　）。

　　　　　　　A.隨時間變化的特點。

　　　　　B.國家總人口規模。

　　　　　C.不同群體的分類。

　　　　　D.每一群體的規模。

【評分標準】　滿分：C.不同群體的分類。

　　　　　　　零分：其他答案或沒有作答。

【相對難度】　486（PISA 2006）

【正　確　率】　62%（OECD）

【評量能力】　反思和評量文本的能力。

閱讀樣題7　國際計畫

1996年度非洲部分地區國際財經計畫

		埃及	埃塞俄比亞	肯尼亞	蘇丹	坦桑尼亞	烏干達	贊比亞	津巴布韋	合計
健康成長	保健站（不超過4個房間）	1	0	6	7	1	2	0	9	26
	人員健康培訓1天	1,053	0	719	425	1,003	20	80	1,085	4,385
	孩子補充營養>1星期	10,195	0	2,240	0	0	0	0	251,402	266,237
	孩子健康／牙齒保健財經補助	984	0	396	305	0	581	0	17	2,283
學習	教師培訓1星期	0	0	367	970	115	565	0	303	2,320
	學校練習本購買／捐贈	667	0	0	0	69,106	0	150	0	111,123
	學校課本購買／捐贈	0	0	45,650	1,182	8,769	7,285	150	58,387	131,023
	校服購買／做／捐贈	8,897	0	5,761	2,000	6,040	0	0	434	23,132
	學生補助規定經費和學校獎學金	12,321	0	1,598	154	0	0	0	2,014	16,087
	書桌購買／做／捐贈	3,200	0	3,689	1,564	1,725	1,794	0	4,109	16,331
	固定教室建造	44	0	50	93	31	45	0	82	353
	教室維修	0	0	34	0	14	0	0	33	81
	成人文化培訓年度經費	1,160	0	3,000	3,617	0	0	0	350	8,695

（續上表）

		埃及	埃塞俄比亞	肯尼亞	蘇丹	坦桑尼亞	烏干達	贊比亞	津巴布韋	合計
住處	建造廁所	50	0	2,403	57	162	23	96	4,311	7,102
	房子新排污系統連接	143	0	0	0	0	0	0	0	143
	水井挖掘／改造	0	0	15	7	13	0	0	159	194
	新型鑽孔機	0	0	8	14	0	27	0	220	362
	滴灌供水系統建造	0	0	28	1	0	0	0	0	29
	飲水系統建造／改造	0	0	392	2	0	0	0	31	425
	房子改造計劃	265	0	520	0	0	1	0	2	788
	建造新房子給受俸牧師	225	0	596	0	2	6	0	313	1,142
	社區大廳建造／改造	2	0	2	3	0	3	0	2	12
	社區領導培訓1天以上	2,214	95	3,522	200	3,575	814	20	2,693	13,365
	道路改善	1.2	0	26	0	0	0	0	53.4	80.6
	建造橋梁	0	0	4	11	0	0	0	1	18
	家庭直接利益受控制	0	0	1,092	1,500	0	0	0	18,405	20,997
	房子電氣化工程更新	448	0	2	0	0	0	0	44	494

來源：Adapted from PLAN International Program Output Chart financial year 1996, appendix to Quarterly Report to the International Board first quarter 1997

　　上述表格是國際援助組織已公布的部分國際計畫，所給的資訊是關於國際計畫在非洲地區部分國家的運作。參考這個表格，回答下列問題：

【問　　題】　1. 這個表格是關於1996年埃塞俄比亞國際行動計畫水準與該地區其他國家的比較，它表示了什麼？

A.埃塞俄比亞行動水準相當高。

B.埃塞俄比亞行動水準相當低。

C.埃塞俄比亞與該地區其他國家水準一樣。

D.埃塞俄比亞的住處項目相當高，其他項目低。

【說　　明】　正確答案：B.埃塞俄比亞行動水準相當低。標題不獨立計分，與第2題一起分析評量。

【問　　題】　2. 1996年埃塞俄比亞是世界最貧窮國家之一。從圖中資訊談談實際狀況，與其他國家比較，你認為國際行動計畫水準在埃塞俄比亞究竟到了什麼程度？

【評分標準】　滿分：學生正確回答第1題，根據表中的全部資訊，正確解釋行動計畫水準。清楚或含蓄地引用計畫中埃塞俄比亞的行動實施類型。答案必須符合下列兩個要點：

(1)埃塞俄比亞的行動計畫水準低（資訊已在表中提供）。

(2)埃塞俄比亞的貧困（資訊已在題目中指出）。

譬如：

・援助組織經常從訓練當地平民入手，所以可以說在埃塞俄比亞，行動計畫於1996年剛剛開始實施。

・培訓社區員工僅僅是給那裡提供的一種援助。那裡也許沒有學校、醫院，他們可以提供基於其他操作方式的援助。

・其他外國援助組織可以在醫療等方面提供幫助，計畫中明白他們需要知道怎樣在這個國家運作。

部分得分：

・第1題回答正確，根據表中的大部分資訊解釋行動計畫水準，或能符合上述一種要點解釋行動計畫水準。

・第1題回答不正確，能符合上述兩個要點解釋行動計畫水準。

零分：給出不充分或不明確的答案，或沒有作答。

【相對難度】　完全正確822，部分得分705（PISA 2006）

【正 確 率】　11%（OECD）

【評量能力】　反思和評量文本的能力。

閱讀樣題8　員警

【閱讀材料】

有人被謀殺了，但犯罪嫌疑人否認任何指控。嫌疑人聲稱他不認識這個受害者。他說他從來都不認識他，從來沒有接近過他，從來沒有碰過他……員警和法官能確信這個嫌疑人沒有講真話，然而，如何才能證實呢？

警察實驗室裡的顯微鏡

員警的科學武器

在犯罪現場，偵察員已經蒐集了任何可能的事實碎片：針織品的纖維、頭髮、指紋、菸頭……受害者夾克上的少數頭髮是紅色的。非常奇怪的是，這些頭髮看上去好像就是嫌疑人的。如果能夠證明這些頭髮的確是嫌疑人的，那麼頭髮將可以作為嫌疑人接近受害者的證據。

每個人都獨立行動。他們檢查這些頭髮和嫌疑人血液的細胞。在我們的軀體內，細胞核中有DNA。什麼是DNA？DNA就好像兩串彎曲的珍珠穿起來的項鍊。想像一下，這些珍珠有四種不同的顏色。成千上萬顆彩色珍珠（這些構成了基因），以一種特別的順序串起來。在每一個個體中，這種順序與軀體中基因的順序完全一樣：頭髮根的細胞與大拇指的細胞是一樣的，心臟細胞與胃和血液的細胞是一樣的。但珍珠排列的順序卻因人而異。如果一定數量的珍珠按照這樣的方式排列，那麼兩個人之間擁有同樣DNA的機會就很少（雙胞胎除外）。對每一個個體而言，它都是獨特的。DAN就像一種遺傳身分證，遺傳學家能夠把嫌疑人的遺傳身分證（從他血液中取得）與留在受害者身上的頭髮的遺傳身分證相比較。假設遺傳身分證相同，遺傳學家就會知道嫌疑人是否接近過那個受害者，哪怕他竭力否定這一事實。

只是一種證據。在性騷擾、謀殺、偷竊和其他犯罪事件中，員警愈來愈多地運用基因分析，這是為什麼？這是為了盡力查找兩個人之間、兩件

物品之間以及人與物之間的聯繫。對偵查來說，證明這些聯繫非常重要，但對提供犯罪的證據來說未必重要，它只是許多證據中的一種。

我們由成億的細胞構成，每一種生物都由許多細胞構成。細胞真的很小，它是微觀的，只有在顯微鏡下放大很多倍後才能看得見。每一個細胞都有外部的細胞膜和細胞核，在細胞核中能找到DNA。

遺傳是什麼？DNA由許多基因構成，每一個基因由成千的「珍珠」組成。這些基因聚集在一起，就形成了遺傳身分證。

遺傳身分證是怎樣揭示的？遺傳學家在受害者身上的毛髮中，或者在菸頭上殘留的唾液中提取少數細胞，把它們放到一個提取細胞DNA的儀器中。然後，從嫌疑人血液中取得細胞，進行同樣的處理。接著，他將為分析DNA做準備，進行專業的凝膠處理。讓電流通過這種凝膠，幾小時之後，生成的產物類似於條碼（像我們購買商品時常見的那種東西），在特殊的燈光下看得很明顯。最後，把嫌疑人DNA的條碼與受害者身上取得的毛髮進行比較，就可以得出結論。

參考上述科學雜誌的文章回答問題。

【問　　題】 1. 在解釋DNA的結構時，作者談到了珍珠項鏈。每一串珍珠項鏈與其他項鏈相比，有哪些不同的變化？

　　　　　　　A.它們在長度上有變化。

　　　　　　　B.珍珠的排列順序不同。

　　　　　　　C.項鏈的數位不同。

　　　　　　　D.珍珠的顏色不同。

【評分標準】 滿分：B.珍珠的排列順序不同。

　　　　　　　零分：其他答案或沒有作答。

【相對難度】 515（PISA 2006）

【正 確 率】 61%（OECD）

【評量能力】 正確檢索資訊的能力。

【問　　題】 2. 自然段「遺傳身分證是怎樣揭示的」是為了解釋

　　　　　　　（　　　）。

　　　　　　　　A.DNA是什麼。

　　　　　　　　B.條碼是什麼。

　　　　　　　　C.如何分析細胞以發現DNA的模式。

　　　　　　　　D.它為什麼能夠提供犯罪的證據。

【評分標準】　答案：C.如何分析細胞以發現DNA的模式。

　　　　　　　零分：其他答案或沒有作答。

【相對難度】　518（PISA 2006）

【正　確　率】　58%（OECD）

【評量能力】　正確解釋文本的能力。

【問　　題】　3. 作者的主要目的是什麼？

　　　　　　　　A.發出警告。

　　　　　　　　B.使人發笑。

　　　　　　　　C.告知資訊。

　　　　　　　　D.使人信服。

【評分標準】　答案：C.告知資訊。

　　　　　　　零分：其他答案或沒有作答。

【相對難度】　406（PISA 2006）

【正　確　率】　80%（OECD）

【評量能力】　正確解釋文本的能力。

【問　　題】　4. 文章引言的結尾（第一自然段）提到：「然而，如何才
　　　　　　　　能證實呢？」遵照這個途徑，為了發現問題的答案，調
　　　　　　　　查人應該（　　　）。

　　　　　　　　A.審問目擊者。

　　　　　　　　B.進行遺傳學分析。

　　　　　　　　C.審問犯罪嫌疑人。

　　　　　　　　D.再次仔細檢查所有調查的結果。

【評分標準】　答案：B.進行遺傳學分析。

零分：其他答案或沒有作答。

【相對難度】　402（PISA 2006）

【正　確　率】　81%（OECD）

【評量能力】　正確解釋文本的能力。

閱讀樣題9　莫蘭德圖書館時間表

　　這是一份莫蘭德圖書館系統發給每位元圖書館新會員的一張書籤，顯示的時間如下表。根據資訊回答下列問題：

開放時間			1988年2月1日起生效		
	Brunswick Library	Campbell Turnbull Library	Coburg Library	Fawkner Library	Glenroy Library
周日	13:00-17:00	關閉	14:00-17:00	關閉	14:00-17:00
周一	11:00-20:00	11:00-17:30	13:00-20:00	13:00-17:30	10:00-17:30
周二	11:00-20:00	11:00-20:00	11:00-20:00	11:00-20:00	10:00-20:00
周三	11:00-20:00	11:00-17:00	10:00-20:00	11:00-17:00	10:00-20:00
周四	11:00-20:00	11:00-17:30	11:00-20:00	11:00-17:30	10:00-20:00
周五	11:00-17:00	11:00-17:00	10:00-20:00	11:00-17:00	10:00-17:30
周六	10:00-13:00	10:00-13:00	9:00-13:00	10:00-13:00	9:00-13:00

莫蘭德圖書館系統

【問　　題】　1. Fawkner圖書館星期三什麼時候關閉？

　　　　　　　A.下午4點。

　　　　　　　B.下午5點。

　　　　　　　C.下午7點。

　　　　　　　D.下午8點。

【評分標準】　滿分：B.下午5點。

　　　　　　　零分：其他答案或沒有作答。

【評量能力】　正確檢索資訊的能力。

【問　　題】　2. 哪個圖書館星期五晚上還開放？

　　　　　　　A.Brunswick圖書館。

　　　　　　　B.Campbell圖書館。

　　　　　　　C.Coburg圖書館。

　　　　　　　　　D.Fawkner圖書館。

　　　　　　　　　E.Glenroy圖書館。

【評分標準】　滿分：C。

　　　　　　　　零分：其他答案或沒有作答。

【評量能力】　正確檢索資訊的能力。

閱讀樣題10　保修單

保單文本1

　　下面是薩拉購買了新照相機後取得的收據和保修單。請根據這些文本回答下面的問題：

照相機收據	照相機收據電視屋		

電視屋
伊利扎比斯大街89號 墨爾本 3000
電話：9670 9601　傳真：9602 6627
http://www.camerashot.com.au
客戶：薩拉·布勞恩
GLENYON街151號 布朗斯米克VIC 3057

伊麗莎白街道89號 墨爾本VIC 3000
9670 9601

發標 26802 帳單 195927	日期 18/10/99 銷售 24 雷	時間 12:10 寄存　16

貨號	型號	序列號	清單	數量	單價	金額	備註
150214	ROLLY FOTONEX 250 變焦	30910963		1	249.08	249.08	X
33844	三腳架			1	5.66	5.66	X

VISA/銀行卡
轉賬金額　　　　$254.74　　　找零　　　　合計金額　　254.74
　　　　　　　　　　　　　　　　　　　　　　　　　254.74

謝謝您購買我們的商品！

下面是薩拉收到她買的新相機的保修卡。用這些憑證回答下列有關問題。

保單文本2

一年保修卡（個人用戶）
僅在澳大利亞有效
電視屋公司ACN 008 458 884 　　保證用戶最初購買的照相機在材料和工藝上是沒有缺陷的。本保修卡不允許轉移給其他照相機。 　　電視屋公司承諾在整個保修期間，對經本公司檢查後發現有材料和工藝缺陷的零部件，將給予服務、修理和更換。
請仔細填寫以下項目： 　　照相機型號：　　號碼M409668
序列號： 你的姓名：薩拉・布勞恩 地址：GLENYON街151號　布朗斯米克VIC 3057 購買日期： 購買價格：
經銷商蓋章 （簽名）
請注意： 特快專遞必需的郵資： 這個保修卡請在10天內透過郵資方式寄到電視屋公司。

【問　　題】　1. 運用收據給的詳細資料，填寫完成保修卡。客戶的姓名和地址已經填寫在卡中。

【評分標準】　滿分：

機型：ROLLY FOTONEX 250變焦／ROLLY FOTONEX/FO-TONEX

序列號：30910963

購買日期：18/10/99/1999年10月18日/18/10/99，12：10

購買價格：（＄）249.08

零分：其他答案或沒有作答。

【評量能力】 正確檢索資訊的能力。

【問 題】 2. 薩拉應該在多長時間內寄回這個保修卡？

【評分標準】 滿分：10天／購買的10天以內。

零分：其他答案或沒有作答。

【評量能力】 正確檢索資訊的能力。

【問 題】 3. 薩拉在這家商店還購買了其他什麼東西？

【評分標準】 滿分：三腳架。

零分：其他答案或沒有作答。

【評量能力】 正確檢索資訊的能力。

【問 題】 4. 在收據底部列印「謝謝您購買我們的商品」，其原因可能純屬禮貌，也可能有其他原因。請指出其他的原因。

【評分標準】 滿分：明確（或含蓄）地表達出想要發展雙方的買賣關係。譬如：

・表明商家對你友好的情感；

・為消費者開創了良好的關係；

・他們要你再來。

零分：其他答案或沒有作答。

・他們是有教養的；

・他們很高興你買了這部照相機；

・他們讓你感到很特別；

・讓消費者知道他們很感激。

【評量能力】 反思和評量文本的能力。

閱讀樣題11 公正的法官

請閱讀下面《公正的法官》的故事，然後回答問題。

公正的法官

阿拉伯國王巴瓦卡斯常常聽人說，在他統治下的一座城市裡有一位法官能夠迅速地辨明是非，誰也不能夠欺騙他。國王很想知道這是不是真的，於是換上了商人的衣服，騎馬前往這位法官居住的城市。

到了城門口，有個跛腳的乞丐走到國王面前，請求他的施捨。國王給了他一些錢，準備繼續前行，但乞丐仍拽住他的衣服不放手。

「你還想要什麼？」國王問道，「我已經給了你錢啦！」

「你給了我施捨，」乞丐回答，「但我還有個請求，請允許我與你一同騎馬，把我送到城市廣場，否則，馬匹和駱駝可能會把我踏傷。」

於是，國王坐在乞丐的後面，用他的馬把乞丐送到了廣場。他停下來，下了馬，但乞丐卻拒絕下來。

「我們已經到了廣場，你為什麼還不走呢？」國王問。

「為什麼？」乞丐說，「這匹馬是我的，你如果不肯還給我，我們一起去法庭打官司。」聽到爭吵聲，人們都圍了過來，並且高聲喊叫：

「去找法官，讓他來判決。」

國王只好與乞丐來到了法庭。那兒還有其他人也在找法官判案，法官將依次傳喚他們。在傳喚國王和乞丐之前，法官正在處理學者和農夫爭奪一個女人的案子，倆人都宣稱這個女人是自己的妻子。法官聽完了他們的陳述，沈默了一會兒，然後說：

「把女人留下，你們明天再來。」

他們走了後，一個屠夫和一個石油商人走到法官面前。屠夫身上帶有血跡，而石油商人身上留著油痕。屠夫手中抓著一把錢，而石油商人則拽著屠夫的手不放。

「我向這個人買油，」屠夫說，「當我從錢包裡取錢給他時，他用手抓住我，想把我的錢全部搶走。這就是為什麼我們找你打官司——你看，我抓著我的錢包，而他抓著我的手不放，但錢是我的，他是個小偷。」

「這不是真的，」石油商人說，「這個屠夫找我買油，當我灌滿了他的油壺後，他請我為他兌換一枚金幣，我拿出錢放在椅子上，他卻搶走了

我的錢並企圖逃跑。正如您所見到的，我用手抓住他，並把他帶到您這裡來了。」

法官又沈默了一會兒，然後說：「留下你們的錢，明天再來。」

當他們走後，法官便聽取了國王對自己事情的陳述，然後轉向乞丐詢問他的理由。

「他說的是假話，」乞丐說，「他一直坐在地上，當我經過時，他要我用馬帶他一程。我把他帶到了他要去的地方後，他拒絕離開，並且聲稱馬是他的。這才是事情的真相。」

法官思考了一會兒，然後對他們說：「把馬留下，你們明天再來。」

第二天，人們來到了法庭，聽法官究竟如何宣判。

首先判決的是學者與農夫的案件。

「帶走你的妻子，」法官對學者說，「農夫將受到鞭打50次的懲罰。」

於是，學者領走了他的妻子，而農夫被鞭打了50次。其後，法官傳喚屠夫。「錢是你的。」法官對屠夫說了這句話之後，轉身指著石油商人判決道：「給我狠狠地鞭打這個人50次。」現在，他開始傳喚國王和乞丐。

「你能夠從20匹馬中間認出你的馬來嗎？」他對國王說。

「我能夠。」國王回答。

「那你呢？」法官問乞丐。

「我也能。」乞丐回答說。

法官對國王說：「你跟我來。」

他們來到了馬廄，國王立即從20匹馬中認出了他的馬。法官把乞丐也帶到馬廄讓他指認，乞丐同樣認出了那匹馬。然後，法官回到了他的座位上。

「這匹馬是你的，」法官對國王說，「給我狠狠地鞭打乞丐50次。」

當法官離開法庭回家時，國王跟著他走出去。

「你要幹什麼？」法官問，「難道你對判決不滿意？」

「我很滿意，」國王回答道，「但是，我很想弄明白，您是怎麼知道女人是學者的，錢是屠夫的，而馬是我的而不是乞丐的。」

「關於女人案子的原因是這樣的：今天早上，我對她說，請你幫我把墨水瓶灌滿墨水。她拿起墨水瓶，熟練而迅速地進行清洗，並且灌滿了它。看得出來，這是她經常幹的工作。如果她是農夫的妻子，她就不可能知道如何做。這就說明學者講的是真話。」

「關於我怎麼知道錢的真相，我告訴你，我把錢放在一個裝滿水的杯子裡，今天早晨我去看水的表面有沒有浮出油。如果錢屬於石油商人，他的手一定會使錢幣汙染上油。但是，我沒有發現油蹟，可見，屠夫說的是真話。」

「關於馬的案子卻有些不同：乞丐也從20匹馬中間認出了那匹馬，正如你所做到的那樣。然而，我看到你走到馬廄時，你認識馬，馬也認識你。它轉過了頭並且伸長了頸。但是，當乞丐接近它時，它豎起耳朵，抬起蹄子，有些驚恐不安。因此，我斷定你才是馬的真正的主人。」

這時，國王對法官講了真話：「我不是什麼商人，而是國王巴瓦卡斯。我到這裡來，是為了考察人們所講你的事情是否屬實。現在我看到了，你確實是一位睿智的法官。無論你要什麼，我都可以獎賞給你。」

「我不需要獎賞，」法官說，「得到了您的讚揚，就是對我最好的獎賞。」

【問　　題】　1. 在故事開始的時候，我們看到，國王巴瓦卡斯換上了商人的衣服。為什麼他不想被別人認出來？

A.他想看一看，當他是個普通老百姓的時候，人們是否還會服從。

B.他打算偽裝成商人，向法官提交一份訴狀。

C.他喜歡偽裝自己，以便自由自在行動，欺騙他的臣民。

D.他希望看到法官以自己的方式辦案，而不受國王在場的影響。

【評分標準】　滿分：D.他希望看到法官以自己的方式辦案，而不受國王在場的影響。

零分：其他答案或沒有作答。

【評量能力】　正確解釋文本的能力。

【問　　題】　2. 法官如何知道女人是學者的妻子？

A.觀察她的外貌，她看上去不像是農夫的妻子。

B.通過聽取學者和農夫在法庭上的陳述。

C.通過觀察她在法庭上聽學者或農夫陳述時的反應。

D.測試她在履行為丈夫工作時的技能和表現。

【評分標準】　滿分：D.測試她在履行為丈夫工作時的技能和表現。

零分：其他答案或沒有作答。

【評量能力】　正確檢索資訊的能力。

【問　　題】　3. 你認為法官對於所有的罪行給出相同的懲罰，是否公正？解釋你的回答，指出這個故事裡，三個案件的相同點或者不同點。寫下你的答案。

【評分標準】　(1)分別針對每一個案例，評量懲罰的公平性，指出過錯的相似或不同，能夠正確地理解犯罪行為。

‧不對，占有別人的妻子與偷錢或偷馬，其罪行的嚴重程度是完全不同的。

‧三個案例都是騙人和說謊，用同樣的方式處罰是公正的。

‧這很難說，農夫、石油商人和乞丐都想要竊取某些東西，但是他們要竊取的東西的價值是不相等的。

(2)能正確理解犯罪和（或）處罰，但沒有作出評量。

法官對三種犯罪行為給出了鞭打50次的懲罰，這些罪行是偷女人、偷錢和偷馬。

(3)曲解了犯罪行為或處罰。

我認為農夫與學者的案子不同於其他兩個，因為它更像是一個離婚案件，而其他兩個是竊盜，所以農夫不應該

受到懲罰。

(4)評量懲罰的公正性（例如，僅針對問題「50次鞭打的處
罰是公正的嗎」進行了回答）。

・不，50次鞭打的懲罰對於所有的犯罪行為都過於苛
刻。

・是的，嚴厲的懲罰是必要的，這可以讓罪犯不敢再次
犯法。

・不，我認為懲罰還不夠。

零分：答案不適當或者含糊不清。沒有解釋或者解釋不
當，或者與故事的內容發生矛盾，或沒有作答。

【評量能力】 反思和評量文本的能力。

【問　　題】 4.這個故事主要說的是什麼？

A.成人犯罪。

B.智慧的審判。

C.優秀的官員。

D.聰明的騙局。

【評分標準】 滿分：B.智慧的審判。

零分：其他答案或沒有作答。

【評量能力】 正確解釋文本的能力。

【問　　題】 5.回答下列問題，你需要將你們國家的法律與這個故事運
用的法律進行比較。

在這個故事裡，法官依法對犯罪行為進行了懲罰。要懲
罰類似的犯罪行為，你們的國家有哪些相應的法律？

在這個故事裡，法官對所有的罪犯都處以鞭打50次的懲
罰。對於上述不同的犯罪行為，你們國家是否運用不同
的法律？

【評分標準】 滿分：描述出一個相似之處；表明對故事有正確的理解；

對比出國家法律系統的一個特徵，或者是用明確的表述，或者是用推理的方式。

對於15歲的孩子而言，是否知曉國家法律並不是問題的實質，問題在於需要用掌握的法律背景知識來進行說明。例如：

・根據證據進行裁決；

・允許控辯雙方申辯；

・在法律面前人人平等；

・在法庭由法官主持審判；

・同樣的犯罪給予相同的懲罰。

零分：包括含糊不清、錯誤的或不切題的答案或沒有作答。

【評量能力】　反思和評量文本的能力。

【問　　題】　6. 請選擇最適當的一個詞來描述這個故事。（　　　）

A.民間傳說。

B.流行小說。

C.歷史傳記。

D.悲劇。

E.喜劇。

【評分標準】　滿分：A.民間傳說。

零分：其他答案或沒有作答。

【評量能力】　反思和評量文本的能力。

閱讀樣題12　體驗貧窮

阿諾德來信：

> 　1996年我們消費的巧克力幾乎等於政府援助國外窮人經費的總和，你知道嗎？
> 　這種優先權有什麼不好嗎？
> 　你是怎樣看待這件事的？
>
> 　　　　　　　　　　　　　阿諾德‧加高
> 　　　　　　　　　　　1997年4月1日　星期二

　　上述這封信於1997年4月1日公開發表在澳大利亞墨爾本的《時代》報紙上。根據信中內容回答下列問題。

【問　　題】　1.阿諾德‧加高的這封信表達了他的什麼感受？（　　　）
　　　　　　　　A.內疚。
　　　　　　　　B.高興。
　　　　　　　　C.害怕。
　　　　　　　　D.滿足。

【評分標準】　滿分：A.內疚。
　　　　　　　零分：其他答案或沒有作答。

【評量能力】　正確解釋文本的能力。

【問　　題】　2. 根據阿諾德‧加高表達的觀點，他認為我們應該做出什麼樣的回應或行動？

【評分標準】　滿分：
　　　　　　　(1)政府或個人向國外提供更多的援助。
　　　　　　　　‧人們捐贈更多的錢用於國外援助；
　　　　　　　　‧捐贈錢給慈善機構；
　　　　　　　　‧人們需要減少巧克力消費，而在扶貧上增加經費。
　　　　　　　(2)政府或個人需要改變他們這種優先權或知情權。

・改變我們的優先權；

・他希望提高人民對於資源如何使用的知情權。

　　零分：其他答案，包括含糊不清的、不適當的、不相關的
回答或沒有作答。

【評量能力】 反思和評量文本的能力。

閱讀樣題13　校園暴力

　　閱讀下面的短文，然後回答問題。

父母沒有意識到恃強欺弱

　　教育部門週三發布調查報告說，僅有三分之一的學生家長知道自己的
孩子面臨校園暴力。

　　第一次由教育部組織的這個調查，從四年級以上的學生開始。在1994
年12月至1995年1月間發生過校園暴力的中小學校裡，抽樣19,000名父
母、教師和學生作為調查對象。

　　結果顯示，被調查的小學生有22%認為他們面臨著暴力，初中生有
13%的人認為他們面臨著暴力，高中生有4%的人認為他們面臨著暴力。
此外，有26%的小學生說他們已經被別人欺凌過，初中和高中的比例較
小，分別為20%和6%。在那些回答自己面臨暴力的學生中，有39%-65%
的人說他們已經受到過欺凌。

　　調查顯示，在被別人欺凌過的學生中，只有37%的小學生父母知道自
己的孩子遭受了暴力，初中生父母只有20%，高中生父母只有6%。知道
孩子被人欺凌的父母中，有14%-18%的人是教師告訴他們的，僅有3%-4%
的人是從自己的孩子那裡得知。

　　這份調查也顯示，只有42%的小學教師知道有針對他們學生的暴力存
在，初中教師只有29%，高中教師只有69%。

　　當問及暴力發生的原因時，大約有85%的教師認為是學生缺乏家庭教
育，而大多數父母認為，同伴之間缺乏正義感和同情心是暴力發生的主要
原因。教育部一位官員建議，父母和教師應該加強與學生接觸，以預防校

園暴力的發生。

　　1994年秋季，年僅13歲的Kiyoteru Okouchi在Nishio附近上吊自殺，他留下遺言，說他的同學多次把他浸在附近的河裡，向他敲詐勒索。校園暴力已經成爲日本的一個焦點。由暴力導致的自殺事件引起了教育部的重視，並在1995年3月發出通知，要求教師制止學校的暴力事件。

【問　　題】 1. 為什麼文章提到Kiyoteru的死亡？

【評分標準】 滿分：指出公眾關注的自殺事件與調查的關係，或者說出了極端暴力導致死亡的概念，能夠明確地推斷：

解釋教育部為什麼要實施這個調查；

提出日本人如此關注校園暴力的背景；

Kiyoteru是因校園暴力而自殺的男孩；

揭示校園暴力的嚴重程度。

指出這是一個極端案例。

零分：含糊或不準確的答案，或沒有作答。

【評量能力】 正確解釋文本的能力。

【問　　題】 2. 在每一種類型的學校裡，有多少比例的教師知道他們的學生面對校園暴力？從下列圖示中選擇一個最恰當的答案（A/B/C/D）。

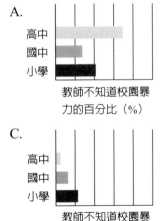

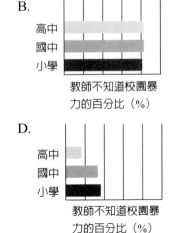

【評分標準】　滿分：圖A（字母或圖形）。

　　　　　　　　零分：其他答案或沒有作答。

【評量能力】　正確檢索資訊的能力。

閱讀樣題14　蜜蜂

　　這篇文章的資料出自一本關於蜜蜂的小冊子。請閱讀下列資料並回答問題。

採　蜜

　　蜜蜂為了生存而釀造蜂蜜，蜂蜜是它們的基本食物。假如某個蜂房裡有6萬隻蜜蜂，通常只有三分之一的蜜蜂會出去採蜜，然後由在家的蜜蜂釀成蜂蜜。少數蜜蜂承擔著偵查蜜源的任務，一旦它們發現蜜源，就會返回蜂房通知其他的蜜蜂。

　　如果偵查蜂發現了蜜源，它將以舞蹈的方式通知其他的蜜蜂，指出蜜源的方位和需要飛行的距離。在舞蹈期間，偵查蜂擺動它的腹部，從一邊向另一邊繞圈飛舞，形成一個數位8的圖形。舞蹈的樣式顯示在下圖中：

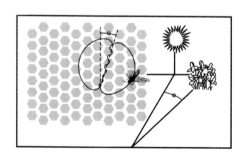

　　圖形顯示了一隻偵查蜂向內垂直於蜂房的舞蹈樣式。假如8字形的中部指向上方，意味著蜜蜂們只要朝著太陽的方向飛，就可以找到蜜源。假如8字形的中部指向右方，則表示食物在太陽的右方。

　　要傳遞從蜂房到蜂源的距離資訊，偵查蜂將以搖擺腹部的時間長短來表達。如果蜂源很近，那麼偵查蜂擺動其腹部的時間將很短；反之，就會長時間擺動。

釀　蜜

採集到花蜜的蜜蜂將把它交給在家的蜜蜂，後者用下顎把花蜜搬運到蜂房裡溫暖乾燥的空間。剛採集到的花蜜含有20%的糖和礦物質，其他80%是水。經過10-20分鐘，一部分水被蒸發後，蜜蜂就會把花蜜轉移到蜂巢的某個房間裡，讓它繼續蒸發。三天后，房間裡的花蜜只剩下20%的水。然後，蜜蜂用它們分泌的蜂蠟把房間口封閉起來。

在一定的時期裡，同一蜂巢的蜜蜂通常只在同一區域採集同一類型的花蜜。蜜蜂的主要蜜源是果樹、會開花的樹和苜蓿。

【問　　題】1. 蜜蜂舞蹈的目的是什麼？

　　A.慶祝蜂蜜釀造成功。

　　B.指示偵查蜂所發現的植物的類型。

　　C.慶祝新蜂王的誕生。

　　D.指示偵查蜂在什麼地方發現了食物。

【評分標準】滿分：D.指示偵查蜂在什麼地方發現了食物。

　　零分：其他答案或沒有作答。

【評量能力】正確解釋文本的能力。

【問　　題】2. 寫出三種主要的蜜源。

【評分標準】答案按下列方式表達：a.果樹；b.苜蓿；c.開花的樹；d.樹木；e.花。

　　滿分：abc, abe, bce（以任意順序排列）。

　　零分：a,b,c,d,e的其他組合方式，其他答案或沒有作答。

【評量能力】正確檢索資訊的能力。

【問　　題】3. 花蜜和蜂蜜的主要區別是什麼？

　　A.物質中水的比例。

　　B.物質中糖與礦物質的比例。

C.物質中聚集的不同植物種類。

D.加工物質的蜜蜂種類。

【評分標準】 滿分：A.物質中水的比例。

零分：其他答案或沒有作答。

【評量能力】 正確解釋文本的能力。

【問　　題】 4. 蜜蜂怎樣以舞蹈的方式表達蜜源與蜂房的距離遠近？

【評分標準】 滿分：能夠指出蜜蜂以擺動腹部和擺動腹部的時間長短來表達資訊。為了表達資訊，蜜蜂擺動它腹部的時間有多長。它在某一時間裡擺動它的腹部。

部分得分：僅指出蜜蜂擺動它的腹部（回答可能有部分錯誤）、以擺動腹部的速度來表達距離長短，或者僅僅提到時間長短而沒有指出擺動腹部、舞蹈的時間長短。

零分：不切題、不相關、不完全或錯誤的答案。蜜蜂作8字形飛行的長短、蜜蜂如何作8字形飛行、蜜蜂是如何運動的、舞蹈、腹部等。

【評量能力】 正確解釋文本的能力。

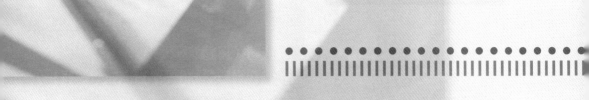

第三章

PISA 對數學素養的評量

第一節 數學素養的涵義

　　PISA對數學素養的意義：理解與鑑別能力，積極參與數學活動並對數學的地位和作用作出恰當判斷的能力，是一個學生在當前及未來的個人生活、職業生活、與周圍其他人相處的社會生活中必需的，成為有建設性、熱心關注生活和不斷反思的公民所必備的一種綜合素質。

　　具體來說，一個具有「數學素養」的人，他在社會生活中常常表現出三個特點：

　　1.在討論問題時，習慣於強調定義（界定概念），強調問題存在的條件。

　　2.在觀察問題時，習慣於掌握其中的（函數）關係，在微觀（局部）認識的基礎上，進一步做出多因素的全面性考量。

3.在認識問題時，習慣於將嚴謹的數學概念，如對偶、相關、隨機、泛涵、非線性、週期性、混沌等概念廣義化，用於認識現實中的問題。例如可以看出價格是商品的對偶，效益是公司的泛涵等。

PISA所指的數學素養是個體作為一個有創新精神、關心他人及具有反思性的公民所應具有的數學能力。這種能力包括能夠理解數學在現實世界中的作用；能運用數學作出決策；能在個人生活和未來社會中使用和滲透數學。其內容包括：數學概念、數學過程和數學情境。

第二節　PISA對數學素養的評量框架

PISA對數學素養的評量框架包括數學概念、數學過程和數學情境三大部分。有人用數學素養中的內容向度、過程向度和情境向度構成了一個形象直觀的數學素養模型（如圖3-1所示）。

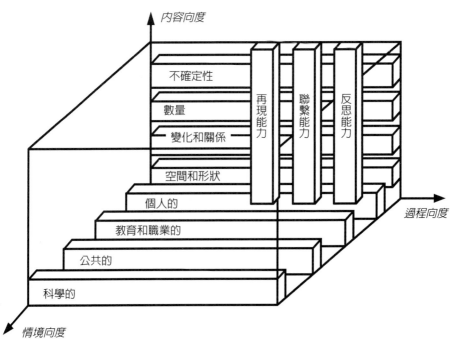

圖3-1　數學素養模型

一、數學概念

　　數學概念（mathematical concept）：是人腦對現實對象的數量關係和空間形式的本質特徵的一種反映形式，即一種數學的思想方式。正確地理解和形成一個數學概念，必須明確這個數學概念的內涵──對象的「質」的特徵，及其外延──對象的「量」的範圍。

　　在數學中，作為一般的思維形式的判斷與推理，以定理、法則、公式的方式表現出來，而數學概念則是構成它們的基礎。正確理解並靈活運用數學概念，是掌握數學基礎知識和運算技能、發展邏輯論證和空間想像能力的前提。

　　PISA將數學內容分為數量、空間和圖形、變化和關係、不確定性四個領域。這四個數學內容形成的領域很廣泛，確保試題可散布於課程之中，但同時可避免太過明確而違反真實情境問題解決的憂慮（如圖3-2所示）。

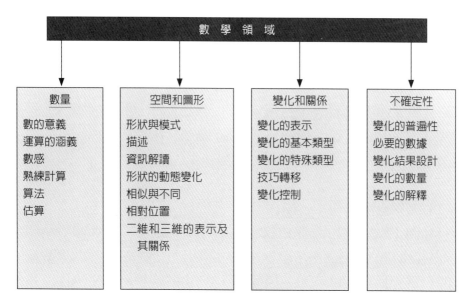

圖3-2　數學的四大領域

1. 數量

數量包括數位現象和數學關係及其類型。它涉及相對大小的理解、數學關係的認識，以及運用數學表示事物的量和量化特徵（計數和測量）。此外，數量包括加工和理解以各種形式呈現的數字，解決數量問題的一個重要方面的數量推理，包括數感、數位表徵、理解運算意義、心算和估數，數學課程中與數學推理聯繫最多的是算術部分。

2. 空間和圖形

空間和圖形包括空間形象和幾何現象以及兩者的關係，這些內容通常比較接近幾何課程的要求。它需要在分析圖形的組成部分時，找出相同點和不同點，找出以不同形式、從不同角度呈現的圖形，並瞭解對象的性質和它們的相對位置。

3. 變化和關係

變化和關係包括變化的數學表現形式和變數間的函數關係及從屬關係。這個內容領域與代數關係最密切。數學關係經常體現為等式或不等式，不過同樣會涉及更具普遍性的關係。關係可以有多種不同的表徵方式，包括符號、代數、圖像、表格和幾何圖形。由於不同的表徵方式有不同的目的和特徵，因此表徵轉換常常是處理情境和任務的關鍵。

4. 不確定性

不確定性包括概念、統計現象和關係，在資訊社會，它們愈來愈顯得重要。這些現象是統計和概率研究方面的數學學習內容。

二、數學過程

1. 數學過程

所謂「數學過程」，是指數學概念、公式、定理、法則的提出過程，數學結論的形成過程，數學思想方法的探索及概括總結過程以及用數學的過程。概括而言，就是「建立模型——推導與運算——解決問題」。換句話說，基於數學源於現實、寓於現實並用於現實這一根本，從最原始的零星、片段的感覺，模糊而籠統的印象，豐富多彩的具體直觀形象，直到最終形成抽象的形式體系，嚴格的邏輯演繹推理，進而在解決問題中加以應

用，這就是數學過程。其本質是以「抽象——符號變換——應用」為核心的思維過程。

數學過程是人們對客觀世界定性把握和定量刻劃、逐漸抽象概括、形成方法和理論，並進行廣泛應用的最基本、最有效的方法。

2. 數學素養層次

PISA將數學素養從認知的角度分成三個能力層次：再現、聯繫和反思。

圖3-3　數學的能力層次

「再現」是學生能夠進行常規數學評量中出現的簡單計算或定義。這部分內容包括關於事實的知識的表述、再現、回憶，它是指按照常規方法解題的能力。

「聯繫」是建立在再現能力之上的。此問題解決並不完全是例行程式，它包含了熟悉和半熟悉的情境。對一些並不熟悉的問題情境，需要不同情境的意義，構建已知與未知的聯繫，並採取資訊整合的方法去解決問題。

「反思」是要求學生能夠綜合運用知識技能，分析確定具體情境下的數學要素，創造性地辨別相關的數學概念，聯繫相關的數學知識解決問題，並提出論據進行論證，同時還要求學生對問題解決的過程、結果、方法進行反思。反思能力與學生計畫解題策略，以及在問題情境中實施這些

策略有關，相對於聯繫能力群，反思能力群的情境包含較多元素或者可能是更為「原始」（或者非熟悉）的。

3. 數學化

數學化也可以稱為數位化、字元化。它是指在各門科學研究實踐中廣泛應用數學方法的整個實施過程；是指隨著人類社會發展和科學進步，數學廣泛滲透到自然科學和社會各領域；即是把數字的高度抽象性、嚴密邏輯性、語言簡明性、廣泛實用性集中用於人類進行理論思維、邏輯分析、認識客觀世界的一種輔助工具和表現手段，以達到規範系統的層次。

PISA數學素養特別關注數學化（mathematising）過程，其包含如下要點：

(1)數學化的歷程開始於一個真實情境中的問題。

(2)解題者嘗試去找出相關的數學問題，並且依據重要的數學概念重新組織問題。

(3)逐漸調整現實，轉化成數學語言。

(4)進行問題解決。

(5)針對真實世界探究嚴格數學解法的內涵。

以上五個重要的特徵構成了數學化的循環（如圖3-4所示）。

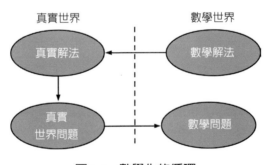

圖3-4　數學化的循環

三、數學情境

　　數學情境是指提出數學問題的場合。PISA根據與學生實際生活的距離遠近將之分為四種情境：個人的情境、教育的（職業的）情境、公共的情境以及科學的情境。最接近的情境為學生的個人生活，接著是學校生活，然後是日常生活中所碰到的社區及社會，最後是科學情境。科學情境最抽象，與學生距離最遠。對PISA而言，針對這四個情境所界定和使用的問題為：個人、教育（職業）、公共和科學問題。對於同一種情境，可以具體設置各個不同背景的試題。

　　數學素養的一個重要方面就是能夠在各種情境中「做數學」和「用數學」。PISA注重「數學現實」，也就是「數學情境」。由情境出發，引申出數學的內容，可以全面衡量學生的數學知識、技能、數學能力（數學觀察能力、數學記憶能力、數學運算能力、數學思維能力、空間想像能力、數學化能力、數學學習能力）和數學思想方法（轉化與歸納思想；對應與集合思想；結構模式思想、抽象概括思想、輔助元與參數思想）以及數學應用意識和數學精神。

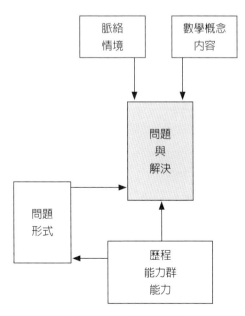

圖3-5　數學評量框架

PISA提出學生在數學化歷程中需運用到多種不同的能力：

1.思考及推理（Thinking and reasoning）

2.論證（Argumentation）

3.溝通（Communication）

4.建模（Modelling）

5.問題提出和解決（Problem posing and solving）

6.表徵（Representation）

7.運用符號、式子及科技的語言及運算（Using symbolic, formal and technical language and operations）

8.運用輔助設備和工具（Use of aids and tools）

PISA數學框架為15歲青少年勇敢面對真實世界問題時，應如何更好地從數學方法入手，描述提供了邏輯依據。數學素養、數學內容、數學情境等要素之間存在著有機的聯繫。情境就是問題所在，以問題解決為核心，數學過程中所激發出的能力歸為三個能力群，構成一個統一的整體，來解決真實世界的相關問題。

第三節　PISA對數學素養的評量標準

一、題型

PISA的測驗題目形式包括選擇式（multiple-choice）題目、封閉式問答題（closed-constructed response）與開放式問答題（open-constructed response）。

1 選擇題

主要測試較低層次的能力，包括計算與理解的能力。至於較高層次能力的測試，則要用開放性問題。

2. 封閉式問答題

類似選擇題，只有一個正確答案。和選擇題不一樣的是，學生無法用猜測的方式猜出正確答案，因為問答題並沒有標示出選擇的項目。

3. 開放式問答題

不只是找出答案，還要讓學生說出思考的過程，解釋答案的意義。通常這是較高層次能力的表現。

二、評分說明

PISA在評分標準上也力求充分體現學生的實際能力，每道題都有詳細的評分說明。例如，一道數學測試題要求學生用圖中的比例尺估計南極洲的面積。如果學生能夠說出自己是如何估計並且得出正確的答案，那麼可以得2分。如果學生只是說出自己如何估計，但答案不正確，就只能得1分。學生可以用不同的方法來做這個題目，題目的「正確答案」也不是一個精確的數字，而是一個估計的數值範圍，只要學生的答案落在這個範圍內，就意味著是「正確答案」。這樣的評分標準是「開放」的，它沒有規定什麼是標準的解決方式，能夠鼓勵學生積極開動腦筋，既考察了學生的解題過程，又強調了結果的重要性。

三、程度等級

數學的六個能力等級如表3-1所示：

表3-1　PISA數學素養的能力等級

等級	學生一般能完成的內容
6級 程度	學生能基於對複雜問題情境的研究和建模，對所獲資訊進行概念化、概括並加以運用。他們能將不同的資訊來源和表徵聯繫起來，並在其間自由地轉換。該水準的學生能進行高水準的數學思維推理。他們運用這種領悟和理解力，以及所掌握的符號化和形式化的數學運算與關係，可以提出新的方法和策略來破解陌生情境中的問題。該程度的學生能構思並準確地交流他們的做法以及他們對研究結果、解釋、論證及實際情境的適當反思。
5級 程度	學生能在複雜的情境下建立並使用模型，識別限定條件並列出假設。他們能夠選擇、比較和評估適當的問題解決策略，來解決與這些模型相關的複雜問題。處於這一程度的學生能在策略上運用廣泛而良好的思維和推理能力，合理連接表象、符號化和形式化的特徵描述，以及與這類情境有關的領悟力，他們能反思自己的做法，能構思並交流自己的解釋和推理。

（續上表）

等級	學生一般能完成的內容
4級程度	學生能在可能包含限定條件或要求進行假設的複雜具體情境下，有效運用明確的模型，他們能選擇和整合包括符號性的表徵在內的不同的表徵，直接將其與實際情況相聯繫。在這些情境中，該程度的學生能運用嫻熟的技能，能進行靈活的推理，並且具有一定的洞察力。基於自己的理解、論證和做法，他們能形成並交流自己的解釋和觀點。
3級程度	學生能執行清晰表述的行動步驟，包括那些要求連續決策的步驟。他們能選擇和運用簡單的問題解決策略。這個程度的學生能夠理解和使用基於不同資訊來源的表徵，並能對其進行直接推理。他們能進行簡短的交流，報告他們的解釋、結果和推理。
2級程度	學生在僅需要直接推斷的情況下，能夠解釋和識別條件情境。他們能從單一來源中提取相關的資訊並利用單一的表徵模式。這個程度的學生能運用基本算法、公式、步驟和慣例。他們能夠進行直接推理，能解釋結果的字面意思。
1級程度	學生能回答熟悉情境中包含的所有相關資訊且明確界定的問題。他們能夠在明確的情境中，根據直接指示找到資訊並按常規程序行動。他們能執行那些顯而易見的並且是緊隨刺激之後的動作。

　　根據PISA 2009數學素養測試結果，數學六個能力等級的最低分數是：1級程度358分，2級程度420分，3級程度482分，4級程度545分，5級程度607分，6級程度669分。

　　此外，PISA 2003還透過完成一份30分鐘的問卷，對學生的學習態度和參與度作了評量。主要內容有：

　　1.動機和態度，如對數學的興趣和喜愛、對數學的工具性動機、對學校的態度、學校歸屬感。

　　2.對數學的自我信念，如學生的數學自我效能感和學生的數學自我概念。

　　3.數學中的情感因素，如對數學的焦慮。

　　4.學生的數學學習策略，如記憶策略、精緻策略和控制策略。

第四節　數學素養測試樣題及分析

數學樣題1　農場

在這裡你可以看到一張有三角形屋頂的農舍照片。

下面是一個學生對農舍屋頂進一步測量後做出的數學模型。

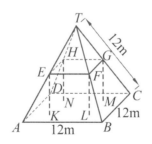

在這個屋頂模型中，地板$ABCD$是一個正方形。支撐屋頂的橫樑是四棱柱$EFGHNKLM$的邊。E是AT的中點，F是BT的中點，G是CT的中點，且H是DT的中點。在這個三角錐模型中，所有的邊長都是12公尺。

【問　題】　1.計算農場屋頂地板$ABCD$的面積。

屋頂地板$ABCD$的面積＝_____平方公尺。

【評分標準】　滿分：144（單位已經給定）。

　　　　　　　零分：其他答案或沒有作答。

【相對難度】　492

【正　確　率】　61%（OECD）

【評量能力】　重現能力群。

【問　　題】　2. 計算屋子水平面上的一條邊長。

　　　　　　　　邊長EF＝＿＿＿＿＿公尺。

【評分標準】　滿分：6（單位已經給定）。

　　　　　　　零分：其他答案或沒有作答。

【相對難度】　524

【正　確　率】　55%（OECD）

【評量能力】　聯繫能力群。

數學樣題2　腳印

　　下圖是一個男人走路時的腳印。步長表示兩個相連腳步後跟間的距離。對於男人，公式$n/p = 140$表示n和p之間的關係，其中p表示步長，n表示男人每分鐘走的步數。

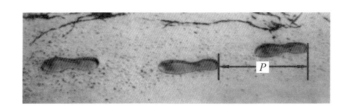

【問　　題】　1. 如果把這個公式應用到黑格走路，黑格每分鐘走70步，求黑格的步長。演示你的運算過程。

【評分標準】　滿分：0.5公尺或50公分

　　　　　　　$70/p = 140$

　　　　　　　$140p = 70$

$p = 0.5$

70/140

零分：其他答案或沒有作答。

【相對難度】 611

【正　確　率】 34%（OECD）

【評量能力】 重現能力群。

【問　　題】 2. 伯納德知道他的步長是0.80公尺。把這個公式應用到伯納
德走路，計算伯納德走路的速度是多少公尺／秒，多少
公里／時，演示你的運算過程。

【評分標準】 滿分：

$n = 140 \times 0.80 = 112$

・他每秒走了112×0.80公尺 = 89.6公尺。

・他的速度是89.6公尺／秒。

・所以他的速度是5.38公里／時或5.4公里／時。

零分：其他答案或沒有作答。

【相對難度】 708

【正　確　率】 19%（OECD）

【評量能力】 聯繫能力群。

數學樣題3　蘋果

　　一個農夫按照正方形的規律種植蘋果樹。為了保護果樹免受強風侵
襲，他在果園的周圍栽種了針葉樹。

　　下面是栽種情況的示意圖，根據蘋果樹的行數（n），你可以看到蘋
果樹和針葉樹的種植規律。

```
 n = 1        n = 2              n = 3                    n = 4
x x x      x x x x x        x x x x x x x        x x x x x x x x x
x ● x      x ●   ● x        x ●   ●   ● x        x ●   ●   ●   ● x
x x x      x         x      x             x      x                 x
           x ●   ● x        x ●   ●   ● x        x ●   ●   ●   ● x
           x x x x x        x             x      x                 x
                            x ●   ●   ● x        x ●   ●   ●   ● x
                            x x x x x x x        x                 x
                                                 x ●   ●   ●   ● x
                                                 x x x x x x x x x
```

x＝針葉樹

●＝蘋果樹

【問　　題】　1. 請完成下表：

n	蘋果樹棵數	針葉樹棵數
1	1	8
2	4	
3		
4		
5		

【評分標準】　完成表格：

n	蘋果樹棵數	針葉樹棵數
1	1	8
2	4	16
3	9	24
4	16	32
5	25	40

滿分：7個填空格全對。

部分分數：圖表裡出現一個錯誤或漏空。

零分：兩個或以上的錯誤，或其他答案或沒有作答。

【相對難度】　708

【正　確　率】　49%（OECD）

【評量能力】　聯繫能力群。

【問　　題】 2. 你可以運用以下兩個公式，計算出上述方式所種植的蘋果樹和針葉樹的棵數：蘋果樹的棵數 $= n^2$，針葉樹的棵數 $= 8n$（n是蘋果樹的行數）。

若n等於某個數值時，蘋果樹的棵數與針葉樹的棵數便會相等。試求出這個n的數值，並說明計算的方法。

【評分標準】 滿分：正確答案$n = 8$。方法如下：

方法一：

$n^2 = 8n$，

$n^2 - 8n = 0$，

$n(n - 8) = 0$，

$n = 0$或$n = 8$，

所以$n = 8$。

方法二：

$n^2 = 8^2 = 64$，

$8n = 8 \times 8 = 64$。

$n^2 = 8n$。

得出$n = 8$。

零分：其他答案或沒有作答。

【相對難度】 655

【正　確　率】 25%（OECD）

【評量能力】 聯繫能力群。

【問　　題】 3. 假設這個農夫要建一個更大、可以種植更多果樹的果園。當他擴建果園時，哪一種樹的數目會增加得較快？是蘋果樹還是針葉樹？請解釋你是如何找到答案的。

【評分標準】 滿分：答案正確（蘋果樹），並附有正確解釋，例如：

蘋果樹 $= n \times n$，而針葉樹 $= 8 \times n$。兩個公式均有因數n，但計算蘋果樹棵數的公式中另有一個n。這個n會變大，但8這個因數卻保持不變。蘋果樹的棵數增加得較快，因為其棵

數是以平方倍數上升，而不是乘以8，蘋果樹的棵數用二次方程計算，而針葉樹的棵數以線性方程計算，所以蘋果樹的棵數增加得較快，用圖表解釋，說明當$n > 8$時，n^2大過$8n$。

部分得分：舉出例子，或用前頁的圖表去解釋；答案（蘋果樹）正確。

蘋果樹的棵數增加得較快，因為從前頁的圖表，我們發現蘋果樹的增加速度比針葉樹快，特別是在蘋果樹的棵數和針葉樹的棵數相等之後，圖表顯示蘋果樹的棵數增加得較快或答案正確（蘋果樹），也有一些證據顯示學生明白n^2和$8n$的關係，但表達不那麼清楚。

當$n > 8$，蘋果樹的棵數增加得較快；

種植8行後，蘋果樹的增加速度比針葉樹快；

8行前，針葉樹的棵數增加得較快；

8行後，蘋果樹的增加速度便會比針葉樹快。

零分：答案正確（蘋果樹），但沒有提供解釋，或所提供的解釋並不完滿，或不正確，或沒有作答。

【相對難度】　完全正確723，部分得分672

【正　確　率】　13%（OECD）

【評量能力】　反思能力群。

數學樣題4　骰子

【問　　題】　在以下這張相片中，你可以看到六個骰子，分別被標記(a)到(f)。所有骰子都有個規則：每兩個相對的面之點數和都是7。

 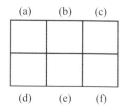

寫下照片中，盒子裡的每個骰子底部的點數是多少。

【評分標準】　滿分：如圖。

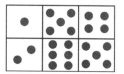

零分：其他答案或沒有作答。

【相對難度】　516

【正　確　率】　58%（OECD）

【評量能力】　重現能力群。

數學樣題5　成長

青少年長得更高了。

下圖顯示1998年荷蘭的年輕男性和女性的平均身高：

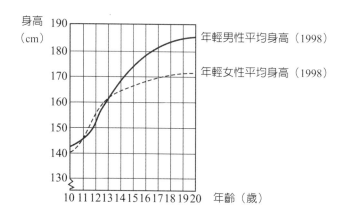

【問　　題】1. 自1980年以來，20歲女性的平均身高增加了2.3公分，變成170.6公分。則1980年20歲女性的平均身高是多少？

【評分標準】滿分：168.3公分（單位已經給定）。

零分：其他答案或沒有作答。

【相對難度】506

【正　確　率】61%（OECD）

【評量能力】重現能力群。

【問　　題】2. 依據上圖，說明為何女孩12歲以後身高的增加率會減小。

【評分標準】滿分：根據圖中女性身高變化梯度回答。可以明確回答或含蓄回答。

參考圖像中12歲以後的增長速度，使用日常生活語言描述，而不用數學語言。譬如：

・曲線不再直線上升，曲線變平了。

・12歲以後曲線變得更平了。

・女生的曲線變直，男生的曲線持續上升。

參考圖像中12歲以後的增長速度，使用數學語言描述。譬如：

・你可以看到斜率變小。

・從12歲開始，曲線的變化率在減小。

零分：學生注意到女性身高落後於男性，但沒有提及12歲後圖像的增長率。或沒有作答。

【相對難度】559

【正　確　率】46%（OECD）

【評量能力】聯繫能力群。

【問　　題】3. 根據這張圖，平均而言，哪一段時期的女孩身高會比同年齡的男孩高？

【評分標準】　滿分：指出正確區間：11-13歲。或11歲和12歲女孩比男孩
　　　　　　　高。

　　　　　　　部分得分：11歲／12歲／13歲／12-13歲。

　　　　　　　零分：其他答案或沒有作答。

【相對難度】　完全正確529，部分得分415

【正　確　率】　69%（OECD）

【評量能力】　重現能力群。

數學樣題6　三角形

【問　　題】　選出符合下面敘述的三角形：三角形PQR是一個直角三角
　　　　　　　形，且R為直角。線段RQ比線段PR短。M為線段PQ的中
　　　　　　　點，且N為線段QR的中點。S是三角形內部的一個點。線段
　　　　　　　MN比線段MS長。

A.
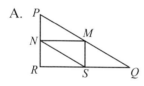

B.

C.
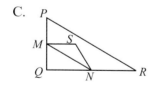

D.
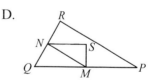

E.
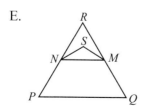

【評分標準】　滿分：答案D。

　　　　　　　零分：其他答案或沒有作答。

【相對難度】　537

【正　確　率】　58%（OECD）

【評量能力】　重現能力群。

數學樣題7　搶劫案

【問　　題】　ATV電視播報員指著下面的圖說：「從1998-1999年搶劫案件數量有快速的增長。」你認為播報員對圖的解釋合理嗎？為什麼？

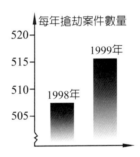

【評分標準】　滿分：不合理。焦點問題是僅僅顯示圖表中頂部的小部分資訊。如果從0-520看整個圖表，則上升幅度就不那麼快了。

部分得分：僅僅比較增長量，沒有比較總量。

零分：其他答案或沒有作答。

【相對難度】　完全正確710，部分得分609

【正　確　率】　26%（OECD）

【評量能力】　聯繫能力群。

數學樣題8　木匠

【問　　題】　木匠有32公尺的木材，他想用木材在花圃周圍做邊界，並考慮將花圃設計成以下的形狀：

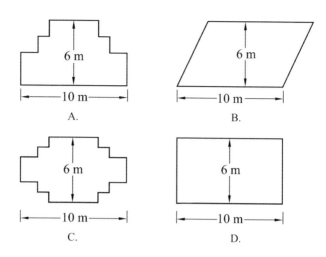

上面花圃的設計是否可以用長度為32公尺的木板來圍成？在下表中的每一種設計中圈出「是」或「否」。

花圃的設計	是否能用長度為32公尺的木板圍成
A設計	是 / 否
B設計	是 / 否
C設計	是 / 否
D設計	是 / 否

【評分標準】　滿分：四個答案都正確，依次為是、否、是、是。
　　　　　　　零分：其他答案或沒有作答。

【相對難度】　700

【正　確　率】　20%（OECD）

【評量能力】　聯繫能力群。

數學樣題9　匯率

　　來自新加坡的美玲準備前往南非當交換學生三個月。她需要將新加坡幣（SGD）兌換為南非幣（ZAR）。

【問　　題】 1. 美玲發現兩國間的貨幣匯率為：1 SGD = 4.2 ZAR。依此匯率，美玲用3,000元的新加坡幣可兌換多少元的南非幣？

【評分標準】 滿分：12,600 ZAR。

零分：其他答案或沒有作答。

【相對難度】 406

【正 確 率】 80%（OECD）

【評量能力】 重現能力群。

【問　　題】 2. 三個月後回到新加坡時，美玲身上還有3,900元的南非幣，她想要換回新加坡幣，此時兩國間的匯率為：1 SGD = 4.0 ZAR。美玲可換得多少新加坡幣？

【評分標準】 滿分：975 SGD。

零分：其他答案或沒有作答。

【相對難度】 439

【正 確 率】 74%（OECD）

【評量能力】 重現能力群。

【問　　題】 3. 在這三個月間，匯率從每1元新加坡幣兌換4.2元南非蘭特，變成了4.0元南非蘭特。此時以這個匯率換回新加坡幣，對美玲而言是否有利？請寫出你的理由。

【評分標準】 滿分：回答「是」，並作適當的解釋。譬如：

・是的，利用低匯率，美玲可以用南非蘭特得到更多新加坡幣。

・是的，用1 SGD可以得到4.2 ZAR，現在只需付出4.0 ZAR就可以得到1 SGD。

・是的，因為每1.0 SGD便宜了0.2 ZAR。

零分：回答「是」但沒有解釋或解釋不充分，或其他答案或沒有作答。

【相對難度】　586

【正　確　率】　40%（OECD）

【評量能力】　反思能力群。

數學樣題10　出口商品

下圖表示Z地的出口商品情況，Z地的貨幣單位為Zed。

1996-2000年度Z地出口總量（百萬Zed）　　　2000年Z地出口商品分布

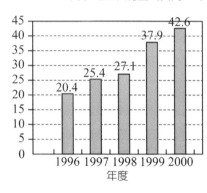 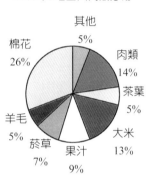

【問　　題】　1. 1998年Z地的出口商品總價值是多少（百萬Zed）？

【評分標準】　滿分：27.1百萬Zed。

　　　　　　　零分：其他答案或沒有作答。

【相對難度】　427

【正　確　率】　79%（OECD）

【評量能力】　重現能力群。

【問　　題】　2. 2000年Z地的果汁出口總價值是多少？

【評分標準】　滿分：3.8百萬Zed（380萬Zed）。

　　　　　　　零分：其他答案或沒有作答。

【相對難度】　427

【正　確　率】　79%（OECD）

【評量能力】　重現能力群。

【問　　題】　3. 2000年Z地的果汁出口總價值是多少？

　　　　　　　A.180萬Zed　　　　　　B.230萬Zed　　　　　　C.240萬Zed

　　　　　　　D.340萬Zed　　　　　　E.380萬Zed

【評分標準】　滿分：3.8百萬Zed（380萬Zed）。

　　　　　　　零分：其他答案或沒有作答。

【相對難度】　565

【正　確　率】　48%（OECD）

【評量能力】　聯繫能力群。

數學樣題11　彩色糖果

【問　　題】　1. 希德的媽媽讓他在無法看到袋子裡糖果的情形下，從袋
　　　　　　　子裡抽出一顆糖果。如下圖是袋子裡各種顏色糖果的數
　　　　　　　量。希德抽到紅色糖果的概率為多少？

　　　　　　　A.10%　　　　B.20%　　　　C.25%　　　　D.50%

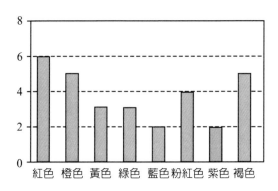

【評分標準】　滿分：B.20%。

　　　　　　　零分：其他答案或沒有作答。

【相對難度】　549

【正　確　率】　50%（OECD）

【評量能力】　重現能力群。

數學樣題12　科學成績

【問　　題】　在梅琳的學校，科學老師給他們進行了100分制的測驗，前四次測驗梅琳平均分60分，第五次測驗她得了80分。梅琳在這五次科學測驗中的平均分是多少？

【評分標準】　滿分：64分。

　　　　　　　零分：其他答案或沒有作答。

【相對難度】　556

【正　確　率】　47%（OECD）

【評量能力】　重現能力群。

數學樣題13　書架

【問　　題】　木匠製作一個書架需要以下材料：
4塊長木板，6塊短木板，12個短夾，2個長夾和14顆螺絲。
現在木匠有26塊長木板，33塊短木板，200個短夾，20個長夾和510顆螺絲，請問木匠可以做幾個書架？

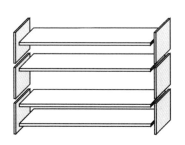

【評分標準】　滿分：5個。

　　　　　　　零分：其他答案或沒有作答。

【相對難度】　499

【正　確　率】　61%（OECD）

【評量能力】　聯繫能力群。

數學樣題14　地震

【問　　題】 有一個節目報導關於地震和其發生頻率，同時也討論地震的可預測性。一個地質學家認為，「未來20年內，在Zed這個城市發生地震的機會是三分之二」。

以下哪一個敘述最能夠反映出這個地質學家的意思？

A.因為$20 \times \frac{2}{3} = 13.3$，所以在Zed這個城市，從現在起經過13-14年將會發生一次地震。

B.因為$\frac{2}{3}$大於$\frac{1}{2}$，所以我們可以確定在未來二十年內將會發生一次地震。

C.未來二十年內，在Zed這個城市發生地震比沒有發生地震的可能性大。

D.我們不能判斷未來會發生什麼事，因為沒有人可以確定何時會有地震發生。

【評分標準】 滿分‧C.未來二十年內，在Zed這個城市發生地震比沒有發生地震的可能性大。

零分：其他答案或沒有作答。

【相對難度】 557

【正　確　率】 46%（OECD）

【評量能力】 反思能力群。

第四章

PISA 對科學素養的評量

第一節　科學素養的涵義

PISA所指的科學素養，其實是指能夠借助科學知識及科學過程瞭解自然的奧秘，且能夠應用科學技能從事各種科學研究。其內容包括：第一，科學概念，其目的在於協助瞭解相關現象；第二，科學過程，其目的在於科學能力的獲得、對科學的解釋與行動證明；第三，科學情境，其強調將科學知識運用於實際生活之中。

PISA 2000首次評估對科學素養進行了界定：科學素養是應用科學的知識來確定問題，得出（或提出）基於證據的結論的能力，以便理解並幫助作出關於自然世界的決定，並且透過人類的活動作出調整。

運用科學知識，確定問題和作出具有證據的結論的能力，並以此理解自然世界和透過人類活動對自然世界的改變，並有助於作出相關決策。

　　在PISA的上述定義中，有以下幾個方面需要進一步予以說明，以便更好地理解其內涵：

　　(1)「科學知識」不僅指事實、名稱、術語的知識，還包括對重要科學概念的理解以及科學知識的侷限和作為人類活動的科學本質。這些基本的科學知識都是經過一定教育年限所應該掌握的。

　　(2)「問題」是指那些經過科學的探究能夠解決的問題，以及特定問題的科學方面。

　　(3)「基於論據得出的結論」是指知道應用選擇評量資訊、資料的方法，同時需要對已有的資訊進行有意識的小心的推測，因為需要正確判斷是否存在足夠的資訊來得出正確的結論。根據一定的證據得出結論反映的是一種科學的思維方法，PISA 2000在報告中指出，作為未來的二十一世紀的公民，必將面臨愈來愈多有關科學和技術的社會問題，科學的思維方法是每一個公民都應該具有的，而不僅僅是科學家。

　　(4)「理解並幫助作出決定」包含以理解自然世界本身作為目標，強調科學的理解有助於作出決定，但並不能夠直接導致決定。因為，現實的決定通常是在具有社會、政治、經濟背景等情境中出現的，且科學的知識通常是在與社會、政治、經濟有關的人的價值觀背景下，予以應用的。因此，在價值觀不同的地方，對科學論據的選擇和使用，可能會導致爭議。

　　(5)「透過人類的活動作出調整」是指出於人類的目的和結果對於自然世界做出的有計劃或無計劃的調整。作出決策是PISA 2000對科學素養界定的最終落腳點，是針對有關科學和技術的社會問題作出自己的選擇。它強調對於人的科學素養的評量，不能簡單地使用「有或無」的兩分法，而應是「多和少」的評量。

　　基於上述不難看出，PISA不僅強調科學知識以及科學素養，而且認為這兩者應是合二為一的。

　　米勒（J. Miller）在1983年提出科學素養的三個向度：對科學原理和方法的理解；對重要科學術語和概念的理解；對科學技術的社會影響的意識和理解。PISA 2000借鑑了科學素養的米勒模型，把科學素養處理為知識、過程和應用三個向度來進行評估。知識向度就是要求具備一定的知識

體系，並瞭解相關的原理和規律；過程向度即理解並掌握相關領域的方法和過程；應用向度就是識別應用知識、方法的情境、領域並理解形成這些人類活動情境或領域背後的原因。其中，應用向度的內容選擇主要反映未來真實生活中可能遇到的問題和情況，涉及生活與健康、地球與環境、技術等三個領域，也涉及個人、社會、全球和歷史等幾個層次。科學素養在三個向度上的評估內容，具體見表4-1。

表4-1　科學素養的三個向度

過程向度	知識向度	應用向度
・識別某個問題是否能夠通過科學探究來解決的過程 ・確認一個科學探究過程所需要的證據的過程 ・得出或推斷結論的過程 ・交流有根據的結論的過程 ・展示對科學概念理解的過程	・物質的結構和性質 ・大氣變化 ・化學和物理變化 ・能量轉換 ・力與運動 ・形式與功能 ・人類生物學 ・生理變化 ・生物多樣性	・科學在生活和健康領域：健康；疾病與營養；物種的保護和持續性使用；物質系統和生物系統的相互依賴性 ・科學在地球和環境領域：汙染；土壤；天氣與氣候 ・科學在技術領域：生物技術；原料使用和廢物處理；能源使用；交通運輸

　　PISA 2003沿用2000年對科學素養的界定，在具體的評估內容上稍作了改動。在知識向度增加了基因控制、生態系統、地球及其在宇宙中的地位、地理變化等幾個內容。在過程向度上，調整為三個過程：描述、解釋和預測科學現象的過程，即學生在特定情境中，運用科學知識的過程；理解科學探究的過程，包括識別能夠通過科學探究解決的問題、知道科學探究過程中還需要哪些證據等；思考科學證據和結論的過程，包括評量來自科學的資訊和基於科學資訊得出結論並進行交流等過程。在應用情境向度上沒有變化，仍然是科學應用於生活與健康、地球與環境、技術等相關內容。

　　PISA在2006年迎來了第一次對科學素養進行重點評估的時刻。積累了兩次大型的科學素養評估實踐經驗之後，此次PISA對科學素養的評估有了較大的變化。

　　PISA 2006對科學素養進行了重新界定：個體的科學知識及利用科學知識來識別問題，獲取新知識，解釋科學現象，並根據證據得出結論；理解科學作為人類知識和探究的一種形式的典型特徵；意識到科學和技術是如何塑造我們的物質、精神和文化的環境；作為一個有思想的公民，積極參與與科學有關的議題。新的界定指出了科學的典型特徵、關注科學與文化的關係，還涉及個人對待科學的態度。

　　PISA 2006發布了新的科學素養評估模型。新的評估模型中不再採用科學素養三向度，而是評估科學素養的四要素：知識、態度、能力和情境設置。PISA評估的宗旨指明能力是考查的最終指向，但學生能力的表現受到自身的知識和對待科學的態度這兩個因素的影響。因此，能力是PISA 2006科學素養評估的核心要素，知識是前提要素，態度是影響最終行為的重要因素，情境的設置是運用知識、發揮能力、表明態度的舞臺。

　　PISA 2009報告中仍然沿用了2006年對科學素養的定義，其中對情境、知識、能力和態度四方面的外延定義作了微調。

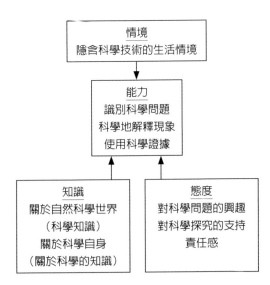

圖4-1　PISA 2009科學素養評估框架

情境：識別隱含科學和技術的生活情境。

能力：識別科學問題、科學解釋現象、使用科學證據的能力。

知識：從科學知識、關於科學的知識兩方面來考查。

態度：主要包括對科學問題的興趣，是否支持科學研究以及對資源與環境的責任感。

其中以「能力」評量為核心，以「情境」創設為背景，以「知識」和「態度」為影響能力形成的基礎，以此作為科學素養的評估框架。

強調了「科學知識」和「關於科學的知識」的區別，科學知識是指有關物理、化學、生物科學等領域的知識；而關於科學的知識主要指科學探究和科學解釋。由此可見，PISA對於科學素養的評量既重視知識本身，同時也重視過程與方法，並把它歸為知識的範疇。

綜上，PISA在四次科學素養評估中，都在或多或少地變化，這些變化一方面反映了社會的需求，另一方面也是在實踐基礎上的重新認識。圖4-2簡單描述了PISA 2000、2003、2006、2009對科學素養的評估變化。

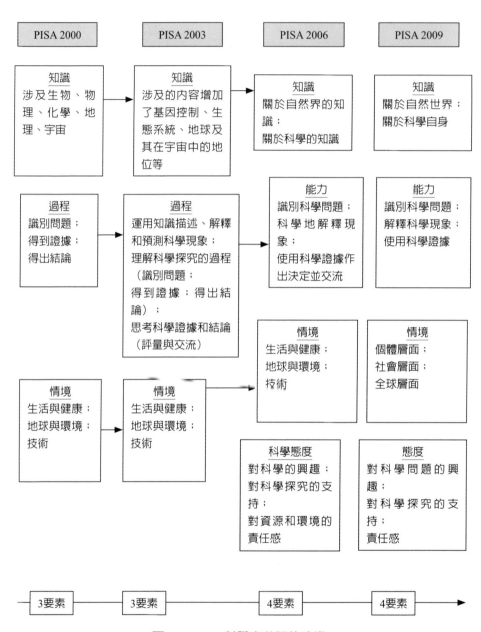

圖4-2　PISA科學素養評估演變

第二節　科學素養的評量框架

一、科學情境

　　PISA認為要準確地進行評量，決定和控制（預期的）情境的作用範圍是很重要的。這是由於PISA的目標是評量學生在經過數年義務教育的末期，運用所學知識和技能的能力。

　　PISA科學評量測試題框架不會侷限在學校課堂，而在普通生活情境。PISA科學評量測試題重點是個體生活情境：家庭和同伴（私人情境）、社區（社會情境）及世界（全球情境）。還有些情境適合特定的主題，如歷史性情境，可以評量對科學進步的理解。也就是說，PISA科學評量的背景從個體、社會和全球三個向度，內容涵蓋衛生健康、自然資源、自然環境、意外事件和科技前端等層面。將評量任務設置在這些情境中，PISA希望能夠做到盡可能準確地評量學生在科學課程中所獲得的科學知識的運用能力。

表4-2　PISA科學評量的背景

	個體層面 （自身、家庭、同伴）	社會層面 （社區）	全球層面 （全人類生活）
衛生健康	保健、意外事故、營養	疾病控制、社會交流、食物選擇、社區衛生	流行病、傳染病的蔓延
自然資源	個人物質和能量的消耗	人口的維持、生活品質、安全、食物的生產與分配、能源供給	可再生能源和不可再生能源、自然系統、人口增長、物種的合理利用
自然環境	環保善舉、物質的利用和處理	人口的分布、廢物的處理、環境的影響、當地氣象	生物多樣性、生態的可持續性、汙染的控制、土地生產和水土流失
意外事件	自然災害和人為災害、住房問題	劇烈變化（地震、惡劣天氣）、緩慢變化（海岸的侵蝕、沈降），風險評估	氣候變化、現代戰爭狀態的影響
科技前端	科學解釋自然現象的興趣、科學基礎習慣、運動與休閒、音樂和手藝	新材料、裝置與工序、基因控制、武器技術、運輸	物種的滅絕、空間的探索、宇宙的起源與結構

二、科學知識

　　PISA 2009特別強調「科學知識」和「關於科學的知識」的區別，科學知識是指有關物理、化學、生物科學等領域的知識；而關於科學的知識主要指科學探究和科學解釋。由此可見，PISA對於科學素養的評量既重視知識本身，又重視過程與方法，並把它歸為知識的範疇。PISA評量目標是考查學習者在生活情境中應用科學知識的程度。PISA考查的知識要具有以下特徵：與現實情境有聯繫；選定的知識要代表重要的科學概念以使評量結果長期有效；選定的知識應適合15歲學習者的科學知識掌握水準。

　　因此，PISA測試的內容，從物理、化學、生物、地球空間科學等科學領域中選擇。PISA 2006將科學知識劃分為物質系統、生命系統、地球和空間系統三個部分，PISA 2009增加了技術系統。現將PISA 2009科學素養評量的主要主題及概念列舉如下：

表4-3　PISA 2009科學知識的主要主題及概念列舉

系　統	主　題	列　舉
物質系統	物質的結構	如：粒子模型、化學鍵
	物質的性質	如：狀態的變化、導電性、導熱性
	物質的化學變化	如：反應，能量轉換，酸和鹼
	運動和力	如：速度、摩擦力
	能量及其轉化	如：守恆、散失、化學反應
	物質和能量的相互作用	如：光和無線電波、聲音和振動
生命系統	細胞	如：結構和功能、DNA、植物和動物
	人體	如：健康、營養、子系統（即消化、呼吸、循環、排泄及它們間的相互關係）疾病，生殖
	人口	如：物種、進化、生物多樣性、遺傳變異
	生態系統	如：生物鏈、物質和能量流動
	生物圈	如：生態系統維護、可持續性

（續上表）

系　統	主　題	列　舉
地球和空間系統	地球系統的結構	如：岩石圈、大氣圈、水圈
	地球系統的能量	如：資源、全球氣候
	地球系統的變化	如：板塊構造理論，地球化學循環，構造力和破壞力
	地球的歷史	如：化石、起源、演化
	宇宙中的地球	如：重力、太陽系
技術系統	科技的作用	如：解決疑難問題、幫助人類滿足需求、設計和控制科學研究
	科學和技術的關係	如：技術促進科學進步
	觀念	如：最優化、權衡、價值、益處

在主要科學領域中，上述標準的應用情況，要求學習者掌握科學知識以理解自然世界並體會個人情境、社會情境與世界情境下的各種經驗。因此，評量框架使用「系統」術語來代替「科學」，描述主要的科學領域，其意圖是公民必須在各種要素互動聯繫的情境下來理解物質科學、生命科學、地球科學和技術等概念。也就是說，學習者必須在系統情境下應用科學知識，並發揮科學能力。括弧中的例子解釋了各種能力類型，但是沒有列出科學的知識的全部類型。

由於考查的要素較多，為了全面性且側重地區分學生的程度，PISA將評量專案的分數分布規定如下：

表4-4　PISA知識的分布百分比

科學知識	PISA 2006	PISA 2009
物質系統	17	13
生命系統	20	16
地球和空間系統	10	12
技術系統	8	9
小計	55	50

（續上表）

有關科學的知識	PISA 2006	PISA 2009
科學探究	23	23
科學解釋	22	27
小計	45	50
總計	100	100

三、科學能力

　　PISA科學評量首先考慮科學能力，主要包括識別科學問題、科學解釋現象、應用科學證據的能力。既包括科學的知識，也包括有關科學的知識。演繹如下：

表4-5　PISA關於重要科學能力

類　型	列　舉
識別科學問題	・能夠在一定的探究情境中，提出可以探究的問題； ・利用關鍵詞查詢科學資訊； ・識別科學調查中的關鍵特徵
科學解釋現象	・在特定的情況下，應用科學的知識； ・描述或合理解釋現象和預測其變化； ・識別適當的類型、解釋和預測
應用科學證據	・識別科學證據，表達科學結論； ・驗證假設，通過推理，從獲得的科學證據中形成結論； ・連接科學成就和技術發展對社會的影響

　　PISA認為與蒐集論據的能力相比，使用科學知識以得出基於充分論據的結論的能力更為重要。為此，PISA更多地關注與科學相關的方法，而不是科學內的方法。這主要包含對得出科學結論的論據的認識、解釋以及在此之上採取行動的能力。具體而言，PISA的科學方法應包含以下五種能力：

　　1.科學地確定可研究的問題的能力。這包括確認可被特定調查證實的

問題或觀點；辨別出可以通過科學探究來回答的問題，或更明確地揭示某一問題在某一情境下是可以進行科學探究的。

2.確定科學的觀察所需要的論據的能力。它是指確定哪些資訊對某一觀點的有效驗證是必需的。例如，我們需要確定或辨認該比較哪些事物，變數應如何變化或控制、需要什麼附加資訊，為蒐集相關資料應採取何種行為。

3.得出或評量結論的能力。這包括從給定的資訊、資料中產生結論，或者從某一範圍內選擇適用於資料的結論；根據提供的資料來支援或反駁某一結論，或者確定在得出結論過程中提出的假設。

4.傳播（交流）有效的結論的能力。即將有效的結論用適當的方法清晰地傳遞給特定人群。其中，這些結論的形式基於特定的情境和資料，或基於相關的附加資訊。

5.論證對科學概念的理解的能力。即指在特定的情境下，運用適當的觀點論證對科學概念的理解。包含解釋可能導致既定變化的原因及各種關係，或者作出關於既定變化作用的決定，或者使用沒有給定的科學觀念或資訊確定影響既定結果的因素。

以上這五個方面，就前四個方面而言，並未對測試者的科學知識的儲備有任何特殊的要求，它們的主要目標在於對被評量者在運用蒐集、評估、聯繫有效科學證據等方面的能力作出評量。

能力水準是潛在的而不是外顯的，並且這個潛在的能力水準是連續的。概括地說，一個建構圖可以被看成是一個一維的潛在變數。事實上，許多測量可能是多向度的。如科學素養又分為「識別科學問題」、「科學地解釋現象」和「使用科學證據」三個能力向度，每一個向度制定一個建構圖。

制定建構圖的動機在於讓它作為評量的框架和制定度量的可能方法。側重於測量廣義的「素養」，評量內容取自於更廣泛的領域，即不侷限於學校學習課程的單一知識，而是強調知識在不同情境中的應用和面對實際生活挑戰的能力。

PISA 2006首次提出「關於科學的知識」（knowledge about science），

PISA選擇了「科學探究」和「科學解釋」兩個指標。「科學探究」指在科學探究的過程中一些重要的環節，如科學問題源於好奇心（科學探究的起源）、為了回答問題而尋找證據（目的）、不同的問題需要不同的科學研究（實驗和資料類型）等等。「科學解釋」是指科學的成果及其形成過程中的一些要素，如假說、理論、模型、定律等是科學解釋的類型；資料的表述、創造力和想像力、邏輯是科學解釋形成的要素。主要內容列表如下：

表4-6　關於科學的知識類型

類　型	列　舉
科學探究	起點（如：好奇心、科學問題） 目的（如：出示證據便於解答科學問題、現行的思想、模型、理論指導） 實驗（如：不同的科學探究支持不同的問題、設計） 數據類型（如：定性觀察、定量測量） 測量（如：變數、重複、變異、儀器的精確度） 結果特點（如：以觀察或實驗為依據的、嘗試性的、可測試的、可以被檢驗的、自動調整）
科學解釋	類型（如：假設、原理、模型、定律） 構成（如：數據表示、現有的知識和新證據的作用、創造力、想像力、邏輯性） 判定（如：必須符合邏輯，基於證據、歷史和現有知識） 結果（如：產生新知識、新方法、新技術，引導新的問題和探究）

表4-7　PISA測試中科學能力分數百分比分布

科學能力	PISA 2006	PISA 2009
識別科學問題	22	23
科學解釋現象	46	41
使用科學證據	32	37
總　計	100	100

通過PISA 2006與PISA 2009的對比可以發現：2009年「有關科學的知識」專案的比例加大，即更重視過程與方法的評量，尤其是學生科學地

解釋現象和問題的能力的評量。另外，PISA 2009將「使用科學證據的能力」也作為考查的重點。這些變化與國內新課程改革的評量理念不謀而合。

第三節 PISA對科學素養的評量標準

一、基本題型

PISA試題包括單項選擇題、複合多選題和開放式問答題。試題以單元的形式成組編排，同時每個單元創設一個真實的生活情境。PISA測試的單元是由特殊的刺激材料組成的，這些材料可能是一段簡短的文字或是帶有圖表的文本，同時再加上一系列各種類型的獨立評分的問題。

PISA之所以使用這種單元結構，是因為要盡可能地接近現實的背景情境，同時在有效利用測試時間的同時，體現現實情境的複雜性。在一個情境下呈現多個問題，而不是就很多情境詢問單個問題，這樣節省了學生熟悉每個問題材料的時間。

PISA還在科學素養單元題目中通過嵌入「科學興趣」和「支持科學探究」態度題目，實現了對學生情感態度的測量。

PISA 2006中，科學測試題大部分為設計的題目，共有37個科學單元，108道認知試題，31道嵌入式態度試題；認知測試題中，有22道題選自PISA 2003，其餘86道題則選自222道新設計的題目。

二、評分方法

由於參與PISA的測試國較多，各國政治、經濟、文化背景差異較大，為了保證評量結果的真實可靠，PISA規定了詳細的評分標準，並提供多種參考答案。考試的題型主要分為兩大類：選擇、簡答。評分標準分別採用了二元計分和信用計分。二元計分即非對即錯，信用計分即部分答對則給一部分的分數。

三、水準等級

為了達到PISA的目標，需要確定學生成就的發展等級。PISA描述的15歲在校生科學素養從高到低有六個能力水準，也即PISA科學素養的建構。處於最高水準（水準6）的學生能夠識別科學問題、解釋科學現象，能夠在各種複雜的生活情境中，應用科學知識和關於科學的知識；他們能夠將各種不同的資訊來源與解釋聯繫起來，並使用這些資訊源的證據證明自己決策的正確性。而處於最低水準（水準1）的學生，科學知識有限，僅能夠將這些科學知識應用於少量的熟悉情境；他們能夠提供較為明顯、能夠直接從給定證據中推理出的科學解釋。

建構是潛在的而不是外顯的，同時，這種潛在的建構是連續的。事實上，許多建構可能是多向度的。例如：PISA科學素養又分為「識別科學問題」、「科學地解釋現象」和「使用科學證據」三個能力向度。

「識別科學問題」和「使用科學證據」的建構圖如表4-8、4-9所示：表中的直線代表使用科學證據這個變數，愈上方表示發展愈好、愈熟練。左邊是每個等級上學生應該達到的精熟程度，右邊是相對應的學生應該能夠完成的特定任務，這就是所謂的建構圖。

表4-8　PISA對識別科學問題的建構

等級	行為表現 每個等級上，學生應該達到的精熟程度	熟練度	相應程度 學生應該能夠完成的特定任務
程度6	學生在研究設計時，能夠理解並且清楚地說明複雜模型的內在關聯。	高熟練程度 ↑	・能夠說明對於給定的科學問題進行實驗設計的各個方面。能夠設計出可以回答某個具體科學問題的研究方案。能夠識別研究中需要控制的變數並且清楚地說明控制這些變數的方法。
程度5	學生理解科學研究的本質元素，能夠通過分析給定的實驗，識別正在研究的問題，解釋方法與問題的關聯。		・當研究涉及廣泛範圍的背景時，能夠識別要改變和測量的變數。認識到需要控制研究的所有外來無關變數的影響，但未能控制。能夠問出一個與既定議題相關的科學問題。

（續上表）

等級	行為表現 每個等級上，學生應該達到的精熟程度	熟練度	相應程度 學生應該能夠完成的特定任務
程度4	學生能夠識別研究中所改變和測量的變數和至少一個被控制的變數。		·能夠區分與實驗結果進行比較的控制變數。能夠意識到未受控制的變數的效應，嘗試在研究中，將未受控制的變數考慮進來。
程度3	學生能夠判斷某個議題是否可以採用科學測量，是否可以進行科學研究。在給出一個研究的描述時，可以識別出所改變的和被測量的變數。		·能夠識別研究中可以進行科學測量的變數。能夠在簡單的實驗中，區分改變的和被測量的變數。在比較兩個測試結果時，能夠意識到、但不能清楚地說出控制的目的。
程度2	學生能夠確定在一項研究中，是否可以將科學測量應用於給定變數。能夠識別正在操控的變數，能夠選擇關鍵詞搜索。		·理解什麼能夠被科學工具測量，對於一個實驗，在給出幾個目標後，能夠選出最合適的一個目標。能夠識別在實驗中，正在被改變的是什麼。能夠選擇搜索詞。
程度1	學生能夠選出合適資訊。能夠意識到一個數量在實驗過程中經歷了變異。在具體情境下，能夠識別變數是否採用熟悉的測量工具進行了測量。	低熟練程度	·能夠選擇合適的資訊來源。在給定一個具體而簡單的情境時，能夠識別出一個數量正在發生變化。在所熟悉的測量工具被用於測量某個變數時，能夠識別出來。

表4-9　PISA使用科學證據建構圖

等級	每個等級上，學生應該達到的精熟程度	熟練度	學生應該能夠完成的特定任務
程度6	學生能夠通過檢查支持性的證據，比較並區分幾個競爭性的解釋。他們能夠綜合多個來源的證據形成自己觀點。	高熟練程度	·能夠認識到相同的一組證據可以形成備選假設。能夠根據證據檢驗競爭性的假設。能夠使用多個來源的數據來解釋、論證和推斷。
程度5	學生能夠解釋以各種形式呈現的來自相關數據集的數據。他們能夠識別並且解釋數據集中的相異與相似之處，並且基於這些數據集中所呈現的聯合的證據作出結論。		·能夠比較並討論在同一組坐標軸上所畫出的不同數據集的特徵。能夠識別並討論測量不同變數的數據集之間的關係。基於對數據充分性的分析，能夠作出結論有效性的判斷。

（續上表）

等級	每個等級上，學生應該達到的精熟程度	熟練度	學生應該能夠完成的特定任務
程度4	學生能夠通過總結數據、解釋相關模式來理解透過多個形式表達的數據，例如表格的、圖表的和圖樣的。他們能夠使用數據得出相關結論。學生還能夠確定數據是否支持關於某個現象的論斷。		· 能夠根據具體的問題，定位於圖表的相關部分，進行比較。在分析某個研究的結果或作出結論時，知道如何進行控制。能夠解釋包含兩個測量指標的表格，並且作出這些變數之間關係的可信論斷。透過參考圖例表徵和一般的科學概念，能夠識別某個簡單易懂的技術設施的特徵並形成操作方法的結論。
程度3	學生在回答問題、證明或否定某個給定的結論時，能夠從數據中選擇一個相關的資訊。他們能夠從數據集不複雜的、簡單的模式中作出結論。在簡單的情況中，如果資訊充分的話，他們還能夠支持某個結論。		· 對於給定的具體問題能夠從文本中找到相關的統計資訊。對於給定的具體證據或數據，能夠在恰當的與不恰當的結論中，做出正確的選擇。能夠在給定的情境中，應用一組簡單的標準作出結論或進行預測。給定一組功能時，能夠確定他們某個機器是否具備這些功能。
程度2	在給出合適線索的情況下，學生能夠識別出圖表的一般特徵；在給出陳述的情況下，能夠指出圖表或簡單表格的某個明顯特徵。在對日常用品的功能進行選擇時，他們能夠識別出這些物品的功能。		· 能夠比較簡單表格中，兩列測量指標，並說出差異。能夠說出一組測量指標或簡單的折線圖、柱狀圖的趨勢。對於常見的日常用品，能夠從一列屬性中，選出這些物品的屬性或特徵。
程度1	學生從與日常生活背景相關聯的事實表或圖表中抽取相關的資訊。當需要對柱狀圖中柱子的高度進行簡單比較時，他們能夠從中抽取資訊。在常見的、經驗性的情境中，處於這個水準的學生能夠進行歸因。	低熟練程度	· 在對與柱狀圖相關的特定問題進行作答時，能夠比較柱狀的高度，並對所觀察到的差異進行解釋。給定自然現象的某個變化，在某些情況下，能夠找出合理的原因。例如，風的渦輪的變化可能是由於風力的變化所導致。

　　根據PISA 2009科學素養測試結果，科學的六個能力等級的最低分數是：1級程度335分，2級程度409分，3級程度484分，4級程度559分，5級

程度633分，6級程度708分。

　　這一等級記錄還較為粗略，如果有足夠的時間來測出學生對科學概念和科學運用領域的綜合掌握程度，將得出科學概念的理解的次等級。科學素養標準的具體情況，將產生於從領域判斷中得出的結論分析。這些具體情況表示，如何對問題進行歸類，以及不同觀點是如何分布的，經驗性的資料將被用來驗證發展等。這將使各國科學教育的理想目標與現實成果，縮小差距，並從中受益。

第四節　科學素養測試樣題及分析

科學樣題1　辛美韋斯日記

辛美韋斯日記（一）

　　「1846年7月。下星期我便要到維也納總醫院婦產科第一病房當醫生。那裡的病人死亡率實在高得可怕。在這個月內，208名產婦中，竟有36名死亡，且全部死於產褥熱。生孩子就像得第一級肺炎那樣危險。」

　　這幾行選自辛美韋斯（1818-1865）的日記，描述了導致很多婦女產後死亡的傳染病——產褥熱的可怕影響。下圖顯示了辛氏在第一及第二病房蒐集的有關死於產褥熱的病人的資料。

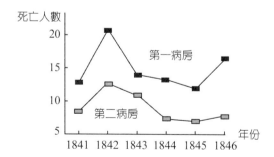

每100名產婦是死於產褥熱的人數曲線圖

包括辛美韋斯在內，很多內科醫生都不知道產褥熱的真正起因。辛氏在日記中又寫道：「1846年12月。為什麼這麼多順產的產婦，產後死於這種疾病？數個世紀以來的科學研究告訴我們，她們都是死於一種看不見的傳染病，原因可能是空氣的變化或外太空的影響或地球本身的移動，如地震。」

時至今日，很少有人會相信外太空影響或地震是該疾病的可能起因，但是在辛美韋斯生活的那個時代，很多人，即使是科學家都會相信這個說法！我們現在已知道該疾病的起因與衛生條件相關。辛美韋斯知道外太空的影響或地震不大可能是該疾病的起因。他根據所蒐集的資料（見上面的曲線圖），嘗試去說服其他同事。

【問　　題】　1. 假設你是辛美韋斯，請提出一個理由（根據辛美韋斯所蒐集的資料）說明為什麼地震不大可能是產褥熱的成因。

【評分標準】　滿分：

・指出兩個病房病人死亡數字的差距（每100次分娩中）。這個問題需要學生用題目所提供的資料作為論據，從不同角度來評估。

部分得分：

・指出地震不是經常發生的事實。

・指出地震亦會影響病房以外的人。

・指出當地震發生時，男人沒有患上產褥熱。

零分：其他回答或不作回答。

【相對難度】　666（PISA 2000）

【正　確　率】　滿分22%，部分正確28%（OECD）

【評量能力】　過程闡述和結果評量的能力。

辛美韋斯日記（二）

醫院裡有一部分的研究是基於解剖的，就是將屍體剖開找出死因。

根據辛美韋斯的報告，在第一病房工作的學生，通常會參與前一天去世產婦的解剖，然後檢查剛生產的產婦。參與解剖後，他們並不太注意清潔自己，有的學生甚至以留在自己身上的氣味而感到自豪，證明他們剛去過停屍房後，仍在辛勤工作！

辛美韋斯有一個朋友在這樣的解剖過程中，割傷自己導致死亡。辛美韋斯解剖他的屍體時，發現他的症狀與患產褥熱引致死亡的產婦相同。這樣，辛美韋斯又有了一個新想法。

【問　　題】　2. 辛美韋斯的新想法與產房的高死亡率和學生的行為是有
　　　　　　　　關聯的，他的想法是什麼？
　　　　　　　　A.學生在參與解剖後清潔自己，可以使產褥病的發病率
　　　　　　　　　降低。
　　　　　　　　B.學生不應參與解剖，因為他們會割傷自己。
　　　　　　　　C.學生身上有味道，因為他們在參與解剖後，沒有清洗
　　　　　　　　　乾淨。
　　　　　　　　D.學生為了顯示自己勤奮，替產婦檢查時不夠小心。

【評分標準】　滿分：A.學生在參與解剖後清潔自己，可以使產褥病的發
　　　　　　　　病率降低。
　　　　　　　零分：其他回答或不作回答。

【相對難度】　493（PISA 2000）

【正　確　率】　64%（OECD）

【評量能力】　識別科學問題的能力。

【問　　題】　3. 辛美韋斯最終成功地減少了由產褥熱引起的死亡率，但
　　　　　　　　時至今日，產褥熱仍然是一種難以消除的疾病，難以醫
　　　　　　　　治的產褥熱仍是醫學要面對的問題。現在，醫院訂立了
　　　　　　　　很多規範程序來控制這個問題，其中一項是用高溫清洗
　　　　　　　　床單。試解釋為什麼高溫（用來清洗床單）可以幫助降
　　　　　　　　低產婦染病的機會。

【評分標準】　滿分：

．指出高熱能殺死細菌。

．指出高熱能殺死微生物、病菌或病毒。

．指出高熱能去除（而非殺死）細菌。

．指出高熱可以去除（而非殺死）微生物、病菌或病毒。

．指出高熱可以消毒床單。

零分：其他回答或不作回答。

【相對難度】　467（PISA 2000）

【正　確　率】　68%（OECD）

【評量能力】　科學程式的證明和理解的能力。

【問　　題】　4. 抗生素可以醫治很多疾病，但近年來有些抗生素醫治產褥熱的成功率降低了。為什麼？

A.抗生素一旦製造出來，其效力就會慢慢下降。

B.細菌對抗生素產生抗藥性。

C.這些抗生素只對產褥熱有效，對其他疾病無效。

D.由於近年來公共衛生環境明顯改善了，對抗生素的需求自然減少。

【評分標準】　滿分：B.細菌對抗生素產生抗藥性。

零分：其他回答或不作回答。

【相對難度】　508（PISA 2000）

【正　確　率】　60%（OECD）

【評量能力】　科學分類證明和理解的能力。

科學樣題2　臭氧

閱讀下文中關於臭氧層部分的章節，回答問題。

大氣層是空氣的海洋，是地球上生命賴以生存的自然寶藏。

不幸的是，基於國家或個人利益的人類活動，正使得這個公共資源遭

受危害。尤其是作為地球生命的保護傘的臭氧層，極其脆弱並遭受損耗。

臭氧分子由三個氧原子組成，與之相對應的氧氣分子由兩個氧原子組成。臭氧分子極其稀少，占空氣分子數不到十萬分之一。不管怎樣，近10億年來，大氣層中它們的存在為保護地球生命扮演了至關重要的角色。臭氧層不但可以保護地球上的生命，也可能帶來危害，這取決於它所處的位置。對流層（離地球表面上方1萬公尺）中的臭氧是「壞」臭氧，會損壞肺組織和植物。但是約90%的臭氧處在平流層（離地球表面1萬-4萬公尺之間），屬於「好」臭氧，吸收太陽輻射中引起危害的紫外線（UV），它扮演的是有益的角色。

沒有這有益的臭氧層，因遭到太陽紫外線過多照射的人類，更容易患某些疾病。在過去的幾十年中，臭氧的量一直在遞減。1974年，人們推測氟氯烴可能是破壞臭氧層的原因。直到1987年，因果關係的科學評量表明，氟氯烴的捲入不能令人完全信服。

然而，1987年9月，世界各地的外交家在加拿大的蒙特利爾召開會議，贊成嚴格限制氟氯烴的使用。

【問　題】　1. 上述文本沒有提及關於大氣中臭氧的形成途徑，其實每天都有一些臭氧在形成，另一些臭氧在消失。下面是臭氧形成過程的連環畫。

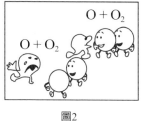
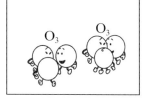

圖1　　　　　　　　圖2　　　　　　　　圖3

假如你有一個叔叔想理解這幅連環畫的涵義，不過，他不懂科學，他也不懂這幅示意圖作者的解釋。

他知道大氣中沒有小夥伴，但是他想知道連環畫中的這

些小夥伴憑什麼積聚，這些陌生的符號O、O_2和O_3是什麼意思，連環畫的每個程式是什麼意思。他請求你解釋這幅連環畫。假定你的叔叔知道O是氧的元素符號，那麼什麼是原子和分子呢？

為你的叔叔寫出連環畫的解釋。

在你的解釋中，請參照文中方法使用原子、分子等關鍵字。

【評分標準】　滿分：回答要提及下列三個方面：

第一方面：一個氧分子或一些氧分子（每個氧分子都含有兩個氧原子）分離為氧原子（圖1）。分離過程用正確的詞來表述O（氧原子）和O_2（氧分子）。如果O或O_2描述為「粒子」或「小部分」，則不得分。

第二方面：氧分子的分離必須在陽光作用下發生變化（圖1）。陽光的作用與O_2的分離有關。如果把陽光的作用描述為與臭氧分子形成過程中的一個氧原子和一個氧分子結合有關（圖2和3），則不得分。

第三方面：氧原子與其他氧分子結合，形成臭氧分子（圖2和3）。

正確答案列舉如下：

· 在陽光的照射下，氧分子O_2分離為兩個氧原子O，氧原子O又找到其他氧氣分子O_2，與之結合形成臭氧O_3。

· 氧原子O這小傢伙，當它們兩個連接在一起就組成氧分子O_2。由於太陽的緣故，它們又被分解成為氧原子O。氧原子O與氧分子O_2結合在一起就會生成O_3，那就是臭氧。

部分得分：答案正確提及上述第一、二或二、三方面。

零分：答案沒有正確提及上述三個方面或沒有作答。

【相對難度】　滿分682，部分得分628（PISA 2000）

【正　確　率】　28%（OECD）

【評量能力】　根據證據得出有效結論的能力。

【問　　題】　2. 臭氧也能在雷暴雨期間形成。在這樣的暴風雨後會有獨特的氣味產生。

本文作者區分了「好」臭氧與「壞」臭氧。在文章的措辭中，把暴風雨中形成的臭氧稱為「好」臭氧還是「壞」臭氧？

選擇答案，並根據課文的材料支援作出解釋。

	「好」臭氧，還是「壞」臭氧？	解釋
A	「壞」臭氧	它是在壞天氣中形成的
B	「壞」臭氧	它是在對流層中形成的
C	「好」臭氧	它是在平流層中形成的
D	「好」臭氧	它的氣味好聞

【評分標準】　滿分：B.「壞」臭氧，它是在對流層中形成的。
　　　　　　　零分：其他答案或沒有作答。

【相對難度】　642（PISA 2000）

【正 確 率】　35%（OECD）

【評量能力】　精密評量科學證據的能力。

【問　　題】　3. 文章指出「沒有這有益的臭氧層，因遭到太陽紫外線過多照射的人類，更容易患某些疾病」。說出這些特殊疾病的名稱之一。

【評分標準】　滿分：答案涉及皮膚癌。
　　　　　　　零分：其他答案或沒有作答。

【相對難度】　547（PISA 2000）

【正 確 率】　54%（OECD）

【評量能力】　在現實情況中，應用科學知識的能力。

科學樣題3　白天

閱讀以下資訊並回答其後的問題。

2002年6月22日的白天。

今天，當北半球的白天最長時，澳洲人民將經歷他們最短的白天。

在澳洲的墨爾本，太陽將於上午7：36升起，下午5：08落下，一天有9小時32分鐘的白晝。

和今天相比較，在南半球這一年最長的白晝期於12月22日出現，那時太陽將於上午5：55升起，下午8：42落下，一天有14小時47分鐘的白晝。

天文學協會的Perry Vlahos先生說，北半球和南半球季節的變化與地球23度傾斜有關。

*墨爾本是澳洲南緯約38度的一座城市。

【問　　題】 1. 下面哪一個論述能解釋為什麼地球上會出現白晝和黑夜？

A.地球圍繞地軸自轉。

B.太陽圍繞其軸自轉。

C.地球的自轉軸是傾斜的。

D.地球圍繞太陽公轉。

【評分標準】 滿分：A.地球圍繞地軸自轉。

零分：其他回答或不回答。

【相對難度】 592（PISA 2003）

【正 確 率】 43%（OECD）

【評量能力】 過程描述、解釋和預測科學現象的能力。

【問　　題】 2. 如插圖所示，太陽光照耀地球。

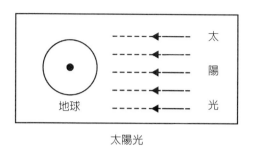

太陽光

假設這是墨爾本最短的一天。

在插圖中指出地球的自轉軸、北半球、南半球和赤道。

標注出你回答的每一部分。

【評分標準】　注意：評分時請根據以下幾個要點：

1.地球的自轉軸要與豎直線
　成10°-45°角範圍且朝向太
　陽方向傾斜方能得分（參
　照右圖）；在與豎直線成
　10°-45°角範圍之外，不得
　分。

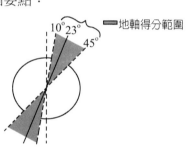

2.只清晰地標注出一個半球和清晰地標注出兩個半球，視為
　相同回答。

3.赤道要與水準方向成10°-45°角範圍之內且朝向太陽方向
　傾斜方能得分（參照下圖）；既可用虛線也可用實線畫赤
　道。在與水準方向成10°-45°角範圍之外，不得分。

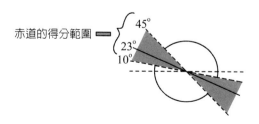

滿分：

代碼21：所畫的赤道要朝著太陽
傾斜並與水準方向成10°-45°角範
圍之內，並且地軸要朝著太陽傾
斜並與豎直線成10°-45°角範圍，
並且北半球和南半球都能正確標

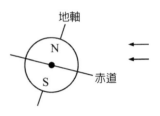

注出（或只正確地標注出一個半球，另一個就不言而喻
了）。

部分得分：

代碼11：地軸的傾斜角度在10°-45°角範圍內，能正確地標
注出北半球和南半球（或只正確地標注出一個半球），但
赤道的傾斜角度不在10°-45°角範圍內或沒有標注出赤道。

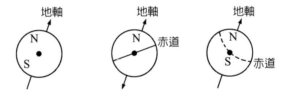

代碼12：赤道的傾斜角度在10°-45°角範圍內，能正確地標
注出北半球和南半球（或只正確地標注出一個半球），但
地軸的傾斜角度不在10°-45°角範圍內，或沒有標注出地
軸。

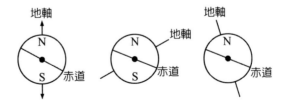

代碼13：赤道的傾斜角度在10°-45°角範圍內，地軸的傾斜角度在10°-45°角範圍內，但北半球和南半球沒有正確地標注出（沒有標注出其中之一，或兩個都沒有標注出）。

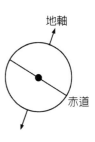

零分：

代碼01：只正確地標注出了北半球和南半球（或只標注出其中之一）。

代碼02：只正確地標注出了赤道的傾斜角度在10°-45°角範圍內。

代碼03：只正確地標注出了地軸的傾斜角度在10°-45°角範圍內。

代碼04：沒有正確回答或其他回答。

  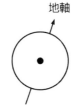 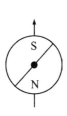

代碼99：未作答。

【相對難度】 滿分720，部分正確667（PISA 2003）

【正 確 率】 19%（OECD）

【評量能力】 過程描述、解釋和預測科學現象的能力。

科學樣題4　克隆

閱讀一則報導，並回答問題。

生物影印機

　　毫無疑問，如果1997年舉行動物大選，多莉一定會獲勝！多莉就是如圖所示照片中的那頭蘇格蘭綿羊，但它並不是一頭普通綿羊，它是另一頭綿羊的複製品。複製就是根據一份「正本」重複製造。科學家成功地根據一頭「正本綿羊」，複製出另一頭一模一樣的綿羊，這就是多莉。

　　這部「綿羊影印機」的設計者是蘇格蘭科學家維爾穆特。他從一頭成年綿羊（甲羊）的乳房中抽出非常小的部分，然後從當中取出細胞核，再將細胞核移植到另一頭綿羊（乙羊）的卵子內。不過他在移植之前，已先抽去乙羊卵子內所有可決定其所生小羊之乙羊特徵的物質。維爾穆特將加工的乙羊卵子移植入另一頭母綿羊體內（丙羊）。丙羊受孕便生產出小羊，即多莉。

　　有些科學家認為，不出幾年，將可以複製人類，但不少政府已經決定立法，阻止複製人類。

【問　　題】　1. 綿羊多莉跟哪一頭羊是一模一樣的？
　　　　　　　A.甲羊
　　　　　　　B.乙羊
　　　　　　　C.丙羊

　　　　　　　D.多莉的羊爸爸

【評分標準】　滿分：A.甲羊。

　　　　　　　零分：其他答案或未作答。

【相對難度】　494（PISA 2003）

【正　確　率】　65%（OECD）

【評量能力】　過程描述、解釋和預測科學現象。

【問　　　題】　2. 從文章中，你可得知「非常小的部分」指的是什麼？

　　　　　　　A.一個細胞

　　　　　　　B.一個基因

　　　　　　　C.一個細胞核

　　　　　　　D.一個染色體

【評分標準】　滿分：A.一個細胞。

　　　　　　　零分：其他答案或未作答。

【相對難度】　572（PISA 2003）

【正　確　率】　47%（OECD）

【評量能力】　過程描述、解釋和預測科學現象。

【問　　　題】　3. 文章的最後一句是「有些科學家認為，不出幾年，將可
　　　　　　　以複製人類，但不少政府已經決定立法，阻止複製人
　　　　　　　類」。

　　　　　　　關於這種決定，下面有兩個可能的原因。這些原因是否
　　　　　　　科學？在每個選項上畫上「是」或「否」。

原因	是否科學？
克隆人對某些疾病比普通人更敏感	是 / 否
人們將不充當創造者的角色	是 / 否

【評分標準】　滿分：依次為是、否。

零分：其他答案或未作答。

【相對難度】　507（PISA 2003）

【正　確　率】　62%（OECD）

【評量能力】　理解科學調查研究的程序。

科學樣題5　溫室效應

閱讀課文並回答下列問題。

溫室效應：事實還是虛構？

　　生物生存需要能量，地球上維持生命的能量來自太陽。太陽發出的熱量進入太空，很小的一部分到達地球。地球的大氣就像蓋在地球表面的毯子一樣，以免因沒有空氣，導致溫度的變化。

　　大多數來自太陽的輻射能量穿過地球的大氣層。地球吸收其中一部分的能量，而另一部分從地球表面反射回去。反射回去的這些能量部分被大氣層吸收。這就使得地球表面得以維持一定的溫度。地球的大氣層與溫室的效果相當，因此稱溫室效應。

　　有人認為溫室效應在二十世紀變得更顯著了。

　　事實上，地球的平均溫度上升了。報刊認為，二十世紀氣溫上升的主要原因是二氧化碳的排放。

　　一位叫安德雷的學生，對地球大氣溫度與二氧化碳排放之間的可能關係，很感興趣。在實驗室他發現了下列兩張圖表。

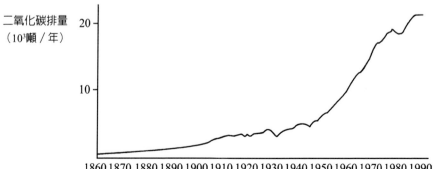

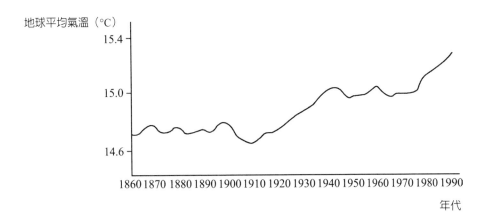

地球平均氣溫（°C）

安德雷從兩張圖表中得出結論：「可以肯定地球大氣平均溫度的增加是由二氧化碳排放的增加引起的。」

【問　　題】　1.圖表中可以支持安德雷的結論是什麼？

【評分標準】　滿分：提及二氧化碳排放量與大氣平均溫度都升高。例如：

・隨著排放的增加，溫度也增加了。

・兩條圖線都上升。

・因為1910年後，兩條圖線都上升了。

・隨著二氧化碳的排放，溫度上升了。

・圖表中的資訊圖線是一起上升的。

零分：只提及大氣平均溫度的升高或二氧化碳的排放。例如：

・溫度在上升。

・二氧化碳愈來愈多。

・顯示溫度的顯著變化。

【相對難度】　529（PISA 2006）

【正　確　率】　54%（OECD）

【評量能力】　應用科學證據的能力。

【問　　題】　2. 另一個學生珍妮不同意安德雷的結論。她比較兩張圖表
　　　　　　　　後，認為圖線的某些地方並不支持安德雷的結論。舉出
　　　　　　　　一個圖表中不支援安德雷結論的例子，解釋你的理由。

【評分標準】　滿分：提及圖線中的一個特殊部分，兩條圖線不是同時下
　　　　　　　降或同時上升的，並給出相應的解釋。例如：

　　　　　　・1900-1910年（左右）CO_2在增加，而溫度在下降。

　　　　　　・1980-1983年二氧化碳下降，而溫度上升。

　　　　　　・十九世紀的溫度基本相同，但二氧化碳在增加。

　　　　　　・1950-1980年溫度不增加，但CO_2排放增加。

　　　　　　・1940-1975年，溫度基本持平而二氧化碳排放明顯快速增
　　　　　　　加。

　　　　　　・1940年的溫度比1920年高很多，但二氧化碳排放基本相
　　　　　　　同。

　　　　　　部分得分：提及一個時期，但沒有解釋。例如：

　　　　　　・1930-1933年。

　　　　　　只提曲線中的不同點，也沒有解釋。例如：

　　　　　　・1980年排放降下來了，但溫度還是一直上升。

　　　　　　零分：表述對圖形不充分，又沒有解釋。

【相對難度】　659（PISA 2006）

【正　確　率】　34.5%（OECD）

【評量能力】　應用科學證據的能力。

【問　　題】　3. 安德雷堅持他的結論，認為地球大氣平均氣溫的上升歸
　　　　　　　　因於二氧化碳排放的增加。而珍妮認為他的結論過早。
　　　　　　　　她說：「但接受這個結論前，你必須確認其他可能影
　　　　　　　　響溫室效應的因素是不變的。」說出一個珍妮所指的因
　　　　　　　　素。

【評分標準】　滿分：

　　　　　　　提出一個來自太陽的能量／輻射的因素。例如：

・太陽更熱了，可能是太陽的位置變化了。

・從地球反射回去的能量。

提出一個提及自然成分或潛在汙染的因素。例如：

・空氣中的水蒸發。

・雲。

・火山噴發這樣的事情。

・大氣汙染（氣體、燃料）。

・廢氣的數量。

・氟氯烴類物質。

・汽車的數量。

・臭氧（作為空氣的成分）。

零分：提及二氧化碳排放改變的原因、提及因素不詳細或錯誤等。

【相對難度】　709（PISA 2006）

【正　確　率】　19%（OECD）

【評量能力】　解釋科學現象的能力。

科學樣題6　衣服

閱讀下文並回答以下問題。

衣　服

一組英國科學家正在研製「智慧」衣服，以幫助殘疾兒童「說話」。這些兒童穿上由特殊電子布料連接上語言合成器所製成的背心，只要輕拍接觸感應式的物料，就能讓人明白他們的意思。

這種物料由普通布料和一種能導電的含碳纖維的靈巧網絲組成。當布料受壓，通過導電物料的信號會被轉化，電腦晶片能夠找出導電來源，然後，啟動相連的電子儀器。這個電子儀器只有兩個火柴盒般大小。

其中一位科學家說：「這個發明的聰明之處，在於如何編織布料，並怎樣通過它傳遞信號，而且這種導電網絲可以編織在現成的布料上，別人

並不會看到它的存在。」

　　這種物料可以用水清洗而不會損壞，可以包裹東西，或者揉成一團。該科學家又說，這種物料可以大量生產，成本廉價。

【問　　題】 1. 文章中所說的情況，哪一樣可以在實驗室裡透過科學探究來測試？
　　　　　　　請在每項圈出「是」或「否」。

這種物料……	是否可以在實驗室裡透過科學探究來測試？
可以用水清洗而不會損壞	是 / 否
可以包裹對象而不會損壞	是 / 否
可以揉成一團而不會損壞	是 / 否
可以廉價、大量生產	是 / 否

【評分標準】 滿分：編碼為1：依次為是、是、是、否。
　　　　　　 零分：編碼為0：其他回答或沒有作答。
【相對難度】 567（PISA 2006）
【正　確　率】 48%（OECD）
【評量能力】 識別科學問題的能力。

【問　　題】 2. 若要測試衣服布料是否導電，你需要用以下哪一種實驗室儀器？
　　　　　　　A.伏特計
　　　　　　　B.光源箱（light box）
　　　　　　　C.千分尺（螺旋測微器）
　　　　　　　D.聲強計（sound meter）
【評分標準】 滿分：A.伏特計。
　　　　　　 零分：其他回答或沒有作答。
【相對難度】 399（PISA 2006）

【正 確 率】　79%（OECD）

【評量能力】　解釋科學現象的能力。

科學樣題7　大峽谷

　　大峽谷位於美國的一個沙漠中。它是一個十分大且深的峽谷，包含許多岩石的地層。從前某一次地殼運動時，把這些地層提升。目前大峽谷的部分深度是1.6 km。科羅拉多河則在峽谷的底部流過。

　　參看以下從它的南麓所拍攝的大峽谷照片。一些不同岩石的地層可從峽谷的岩壁上看到。

石灰岩A

頁岩A

石灰岩B

頁岩A

片岩和花崗岩

【問　　題】　1. 大峽谷的溫度範圍是低於0°C到高於40°C。雖然它處在沙漠地區，但岩石的裂縫有時含有水。如何通過溫度的變化和岩石縫隙的水來加快岩石的風化？

　　　　　　　A.冰水溶解了熱岩石。

　　　　　　　B.水把岩石粘接在一起。

　　　　　　　C.冰使岩石的表面變得平滑。

　　　　　　　D.岩石縫隙的水結冰後，體積膨脹。

【評分標準】　滿分：D.岩石縫隙的水結冰後，體積膨脹。

　　　　　　　零分：其他答案或沒有作答。

【相對難度】　451（PISA 2006）

【正 確 率】　68%（OECD）

【評量能力】　解釋科學現象的能力。

【問　　題】　2. 在大峽谷石灰岩A層有許多海生動物化石，譬如蛤、魚和
珊瑚。數百萬年前發生了什麼事？請解釋這些化石在那
裡形成的原因。

A.古時候人們把海鮮從海洋帶到了該地。

B.海洋曾經相當洶湧，海洋生物被巨浪沖刷到內陸。

C.那時候海洋曾經覆蓋這些地區，後來逐漸退去。

D.有些海洋動物遷移到大海之前，曾經生活在陸地。

【評分標準】　滿分：C.那時候海洋曾經覆蓋這些地區，後來逐漸退去。

零分：其他答案或沒有作答。

【相對難度】　411（PISA 2006）

【正　確　率】　76%（OECD）

【評量能力】　解釋科學現象的能力。

【問　　題】　3. 每年大約有500萬人遊覽大峽谷郊野公園。這麼多的遊客
對公園所造成的破壞受到了關注，下列問題能否通過科
學研究來回答？請就各項問題圈出「是」或「否」。

這個問題能否透過科學研究來回答	是或否？
步行小徑的使用會造成部分的侵蝕？	是 / 否
公園地區是否像它100年前一樣美麗？	是 / 否

【評分標準】　滿分：依次為是、否。

零分：其他回答或沒有作答。

【相對難度】　485（PISA 2006）

【正　確　率】　61%（OECD）

【評量能力】　識別科學問題的能力。

【問　　題】　4. 對於下列陳述，你同意的程度有多少？請在每一行中選
一個方格打「✓」。

	非常同意	同意	反對	非常反對
a) 化石的系統化研究是重要的	□1	□2	□3	□4
b) 保護郊野公園免受破壞的行動，須建立在科學證據上	□1	□2	□3	□4
c) 地質層的科學探究是重要的	□1	□2	□3	□4

科學樣題8　防曬霜

　　美美和狄恩想知道哪種防曬霜會給她們的皮膚提供最佳的保護。防曬霜的防曬指數（SPF）顯示每種產品吸收陽光的紫外線輻射成分的有效程度。相比於低防曬指數的防曬霜，高防曬指數的防曬霜保護皮膚的時間更長。

　　美美想出一個方法去比較一些不同的防曬產品。她和狄恩蒐集了下列東西：

　　兩張不吸收陽光的透明塑膠薄片；

　　一張感光紙；

　　礦物油（M）和含有氧化鋅（ZnO）的乳霜；

　　四種不同的防曬品，它們被稱為S1、S2、S3和S4。

　　美美和狄恩將礦物油包含在內，是因為它能讓大部分的陽光穿透，而選擇氧化鋅，則是因為它幾乎可以完全阻擋陽光。

　　狄恩將每種物質滴一滴在一張塑膠薄片上所標示的圓圈內，然後將第二張膠片覆蓋在上面。他將一本大書放在兩張薄片之上並且往下壓。

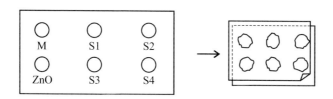

　　美美接著將膠片放在一張感光紙上面。感光紙由深灰色轉變為白色（或非常淺的灰色），視它曝露在陽光下多久而定。最後，狄恩將這些薄片放在陽光充足的地方。

【問　　題】 1. 在比較防曬霜的效能時，下列哪一個判斷是對礦物油和氧化鋅作用的科學性描述？

　　A.礦物油和氧化鋅都是被試驗的因素。

　　B.礦物油是被試驗的因素，而氧化鋅是對照物質。

　　C.礦物油是對照物質，而氧化鋅是被試驗的因素。

　　D.礦物油和氧化鋅都是對照物質。

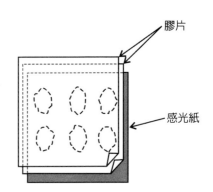

【評分標準】 滿分：選項D。

　　零分：其他回答或沒有作答。

【相對難度】 588（PISA 2006）

【正　確　率】 41%（OECD）

【評量能力】 識別科學問題的能力。

【問　　題】 2. 下列哪一個問題是美美和狄恩嘗試回答的？

　　A.與其他防曬霜比較，每種防曬霜的保護效果如何？

　　B.防曬霜如何保護你的皮膚免受紫外線輻射的傷害？

　　C.有沒有任何防曬霜提供比礦物油更少的保護？

　　D.是否有防曬品保護效果比氧化鋅更好？

【評分標準】 滿分：選項A。

　　零分：其他回答或沒有作答。

【相對難度】 499（PISA 2006）

【正　確　率】 58%（OECD）

【評量能力】 識別科學問題的能力。

【問　　題】 3. 為什麼第二張塑膠片被往下壓？

　　A.避免油滴變乾

　　B.將油滴盡可能地向外擴展

　　C.將油滴保留在標示的圓圈內

D.使得油滴的厚度一樣

【評分標準】　滿分：選項D。

零分：其他回答或沒有作答。

【相對難度】　574（PISA 2006）

【正　確　率】　43%（OECD）

【評量能力】　識別科學問題的能力。

【問　　題】　4.感光紙呈深灰色，當它曝露在較少陽光下時，會褪色成較淺的灰色，而當曝露在大量陽光下時，會變成白色。

這些圖示中，哪一幅顯示出可能會出現的圖案？請解釋為什麼你選擇它。

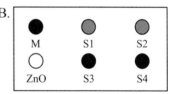

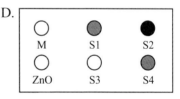

【評分標準】　滿分：A。解釋ZnO的圓點維持深灰色（因為它阻擋了陽光）和M的圓點變為白色（因為礦物油吸收極少陽光）。

部分得分：A。對ZnO圓點或M圓點其中一項給予正確的解釋，但是沒有同時給予兩者正確的解釋。例如：

‧A。礦物油對紫外線的抵抗最弱，所以當紙上有其他物質時，紙不會呈白色。

‧A。氧化鋅實際上吸收了所有輻射，而圖示正反映了這種情況。

‧A。因為ZnO阻擋了光線，而M把它吸收了。

零分：其他答案或沒有作答。

【相對難度】 滿分629，部分得分616（PISA 2006）

【正 確 率】 27%（OECD）

【評量能力】 使用科學證據的能力。

科學樣題9　瑪麗‧蒙塔古

閱讀下列報紙文章，回答後面的問題。

疫苗接種的歷史

瑪麗‧蒙塔古（Mary Montagu）是一個美麗的女子。1715年，她患上天花病後得以生存，但留下疤痕。1717年，住在土耳其的時候，她看到一種預防接種的方法在那裡普遍使用。這種治療方法就是找一種弱型的天花病毒植入健康的年輕人的皮膚，於是被接種者就生病了，但多數情況下，病情只是輕微程度。

瑪麗‧蒙塔古信任這種接種方法的安全性，於是就讓她的兒子和女兒都接種了。

1796年，愛德華‧琴納（Edward Jenner）用一種與天花病毒相關的牛痘的病毒接種，使被接種者體內產生天花的抗體。與接種天花相比，這種治療方法幾乎不產生副作用，且被接種者也不會傳染他人。這種療法就是著名的疫苗接種。

【問　　題】 1.哪種疾病可以用接種方法來抵抗？

A.像血友病這樣的遺傳疾病。

B.像脊髓灰質炎這樣的由病毒引起的疾病。

C.像糖尿病這樣的身體功能退化的疾病。

D.任何一種沒法治療的疾病。

【評分標準】 滿分：選項B。

零分：其他答案或沒有作答。

【相對難度】 436（PISA 2006）

【正　確　率】　75%（OECD）

【評量能力】　科學化地解釋現象的能力。

【問　　題】　2. 如果動物或人患了細菌性傳染病後康復了，引起疾病的
　　　　　　　這類細菌往往不太會再使人生病。發生這種情況的原因
　　　　　　　是什麼？
　　　　　　　A.身體殺滅了可能引起疾病的所有細菌。
　　　　　　　B.這種細菌繁殖前，就被身體內產生的抗體殺滅了。
　　　　　　　C.紅細胞殺滅了所有可能引起同一種疾病的細菌。
　　　　　　　D.紅細胞俘獲並從身體內除掉了這類細菌。

【評分標準】　滿分：選項B。
　　　　　　　零分：其他答案或沒有作答。

【相對難度】　431（PISA 2006）

【正　確　率】　75%（OECD）

【評量能力】　科學化地解釋現象的能力。

【問　　題】　3. 指出一個理由說明，為什麼尤其要推薦兒童和老年人接
　　　　　　　種流感疫苗。

【評分標準】　滿分：答案要求提及兒童或老年人比其他人群的免疫系統
　　　　　　　更弱一些，或類似的答案。例如：
　　　　　　　·這些人抵抗力弱，容易得病。
　　　　　　　·老年人與兒童不像其他人那樣容易抗病。
　　　　　　　·他們似乎更易得流感。
　　　　　　　·如果他們得流感，結果更糟。
　　　　　　　·因為兒童和老年人的機體更弱一些。
　　　　　　　·老年人和兒童更容易得病。
　　　　　　　零分：其他答案或沒有作答。

【相對難度】　507（PISA 2006）

【正　確　率】　62%（OECD）

【評量能力】 科學化地解釋現象的能力。

【問　　題】 4. 你對下列敘述有多大程度的同意？（每行只選一項）

	完全同意	同意	不同意	完全不同意
a) 我支持開發新株流感疫苗的研究				
b) 一種疾病的起因，只有透過科學研究才能確定				
c) 對疾病的非傳統治療的效果，應該服從於科學研究				

科學樣題10　酸雨

下圖的雕塑叫女像柱，2500年前建於雅典的衛城。這些雕塑是用大理石製作的。大理石是由碳酸鈣組成的。

1980年，雕塑的原件移到了衛城博物館內，而用複製件替放在原位。雕塑原件過去曾被酸雨侵蝕。

【問　　題】 1. 正常的雨水呈微弱酸性，原因是它從空氣中吸收了一些二氧化碳。酸雨的酸性比正常雨水強，因為它吸收了像硫氧化物和氮氧化物這樣的氣體。空氣中的硫氧化物和氮氧化物是從哪裡來的？

酸雨對大理石的作用可以用大理石碎片放置在醋中過夜

來模擬。醋和酸雨有大致相同的酸度，當一塊大理石碎片置於醋中後，即有氣泡產生。實驗前後，乾燥大理石碎片的品質都可以測量得到。

【評分標準】 滿分：下列任何一個都行：汽車排放，工廠排放，燃燒煤和石油這樣的化石燃料，從火山或其他類似物中排出的氣體。譬如：

・燃燒煤或天然氣。

・空氣中的氧化物來自工廠和工業的汙染。

・火山。

・從發電廠排出的煙氣。

・它們來自燃燒含硫或氮的物質。

部分得分：提及「汙染」，但沒有指出汙染源即酸雨的主要成因。

零分：其他回答，包括沒有提及「汙染」，也沒有表達酸雨的主要原因。

【相對難度】 506（PISA 2006）

【正 確 率】 58%（OECD）

【評量能力】 科學化地解釋現象的能力。

【問 題】 2. 一片2.0g的大理石浸沒於醋中一整夜，第二天取出後烘乾。烘乾後的大理石片的品質會（ ）。

A.小於2.0g。

B.正好為2.0g。

C.介於2.0g與2.4g之間。

D.大於2.4g。

【評分標準】 滿分：選項A。

零分：其他回答或沒有作答。

【相對難度】 460（PISA 2006）

【正 確 率】 67%（OECD）

【評量能力】 運用科學證據的能力。

【問　　題】 3. 做這個實驗的學生也同樣放一片大理石於蒸餾水中一整夜。解釋為什麼這個學生要用這個實驗步驟。

【評分標準】 滿分：為了證明酸（醋）對這個反應是必須的。例如：
· 為了確認雨水是酸性的，酸雨導致了這個反應。
· 為了觀察是否有其他原因引起大理石的部分溶解。
· 因為這個實驗證明大理石片不會與任何液體反應，因為水是中性的。

部分得分：為了比較大理石與醋的試驗，但沒有說清做這一步驟的目的是為了確認這個反應中酸（醋）是必須的。例如：
· 為了與其他試管比較。
· 為了觀察大理石在純水中是否發生變化。
· 學生做這一步驟是為了表明正常的雨落在大理石上會發生什麼。
· 因為蒸餾水不是酸。
· 起控制條件作用。
· 觀察正常雨水與酸雨（醋）之間的區別。

零分：其他回答或沒有作答。

【相對難度】 滿分717，部分得分513（PISA 2006）

【正 確 率】 36%（OECD）

【評量能力】 識別科學問題的能力。

【問　　題】 4. 你對下列資訊有多大興趣？（每行只選一個）

	很有興趣	有興趣	沒興趣	很沒興趣
a) 知道哪些人類活動引起酸雨最多				

（續上表）

	很有興趣	有興趣	沒興趣	很沒興趣
b)學習減少導致酸雨的氣體排放的科技				
c)瞭解修復遭酸雨破壞的建築物的方法				

【問　　題】　5.對下列敘述，你在多大程度上同意？（每行只選一個）

	完全同意	同意	不同意	完全不同意
a)保護古跡要建立在有關損壞原因的科學證據的基礎上				
b)引起酸雨原因的表述應建立在科學研究的基礎上				

科學樣題11　體育鍛鍊

定期且適度的運動對我們的健康有益。

【問　　題】　1.定期運動有什麼好處？請就各項陳述，圈出「是」或「否」。

這是定期運動的一項好處嗎？	是或否？
運動幫助預防心臟和循環系統的疾病	是 / 否
運動有助於日常飲食健康	是 / 否
運動幫助避免變得過重	是 / 否

【評分標準】 滿分：依次為是、否、是。

　　　　　　 零分：其他回答或沒有作答。

【相對難度】 545（PISA 2006）

【正　確　率】 57%（OECD）

【評量能力】 科學化地解釋現象的能力。

【問　　題】 2. 肌肉在運動時發生了什麼事情？請就各項陳述，圈出「是」或「否」。

肌肉在運動時，這種情況會發生什麼？	是或否？
肌肉內的血液流動速度加快	是／否
脂肪在肌肉中形成	是／否

【評分標準】 滿分：依次為是、否。

　　　　　　 零分：其他回答或沒有作答。

【相對難度】 386（PISA 2006）

【正　確　率】 82%（OECD）

【評量能力】 科學化地解釋現象的能力。

【問　　題】 3. 與你的身體在休息時相比，你在做運動時必須更用力地呼吸，這是為什麼？

【評分標準】 滿分：為了清除增加的二氧化碳濃度，並且提供更多的氧給你的身體（不可接受以「空氣」代替「二氧化碳」或「氧」）。譬如：

　　　　　　 ・當你運動時，你的身體需要更多的氧，而你自身會產生更多二氧化碳。

　　　　　　 ・呼吸就是做這件事。

　　　　　　 ・呼吸加快可以增加血液中的氧和排走更多的二氧化碳。

　　　　　　 編碼為12：只提及清除身體中增加的二氧化碳濃度，或者

提供更多的氧給身體，而非同時提及兩者（可接受以「空氣」代替「二氧化碳」或「氧」）。

‧因為我們必須除去積聚起來的二氧化碳。

‧因為肌肉需要氧〔這暗示當你運動（使用你的肌肉）時，身體需要更多的氧〕。

‧因為運動會消耗氧。

‧因為你正在使用這麼多的能量，你的身體需要吸入二倍或三倍的空氣。也需要排走你體內的二氧化碳（第二句可獲代碼12，這暗示相比平時更多的二氧化碳需要由身體排出，第一句雖然不構成相互矛盾，但是若只答這句，只能獲代碼01）。

‧你更用力呼吸，因為你把更多的氧帶進肺部（這樣的表達不理想，但學生明白這樣做是增加氧的供給）。

零分：編碼為01：其他答案。例如：

‧為了增加肺部的空氣。

‧因為肌肉消耗更多能量（不夠具體）。

編碼為99：沒有作答。例如：

‧身體需要氧（沒有提及需要更多的氧）。

‧因為心跳加速。

【相對難度】　583（PISA 2006）

【正　確　率】　45%（OECD）

【評量能力】　科學化地解釋現象的能力。

科學樣題12　基因改良農作物

GM玉米應該被明令禁止

野生動植物保護團體要求明令禁止一種新的基因改造（GM）玉米。這種GM玉米被設計成不受一種殺死傳統玉米植物的新強力除草劑的影響。這種新的除草劑會殺死生長在玉米田中的大部分野草。環保人士說，

因為雜草是一些小動物，尤其是昆蟲的食糧，使用新除草劑與GM玉米將會對環境有害。支持使用GM玉米的人士則說，已有一項科學研究顯示這種情況不會發生。

下面是上述文章所提及的科學研究的細節：

玉米被種植在全國各地的200處田地。

每塊田地被一分為二。其中一半種植基因改造（GM）玉米並施用新強力除草劑，另一半則種植傳統玉米並施用傳統除草劑。

在施用新除草劑的GM玉米中所找到的昆蟲數目，與施用傳統除草劑的傳統玉米中所找到的昆蟲數目大致相同。

【問　　題】　1. 文章中所提及的科學研究中，有什麼因素是故意變動的？請就下列各項因素，圈出「是」或「否」。

這是研究中故意變動的因素嗎？	是或否？
環境中的昆蟲數目	是 / 否
使用的除草劑種類	是 / 否

【評分標準】　滿分：依次為否、是。

　　　　　　　零分：其他回答或沒有作答。

【問　　題】　2. 玉米被種植在全國各地的200處田地。為什麼科學家使用了1處以上的地方？

　　　　　　　A.這樣可讓很多農夫嘗試新的GM玉米。

　　　　　　　B.為了察看他們能種植出多少GM玉米。

　　　　　　　C.為了盡可能用GM玉米來覆蓋最多的土地。

　　　　　　　D.為了包含玉米的各種不同生長條件。

【評分標準】　滿分：選項D。

　　　　　　　零分：其他回答或沒有作答。

【相對難度】　421（PISA 2006）

【正　確　率】　74%（OECD）

【評量能力】　識別科學問題的能力。

【問　　題】　3. 對於下列問題，你感興趣的程度有多少？請在每一行內只勾選一個方格。

	高度興趣	中等興趣	少量興趣	沒有興趣
a) 得知植物被基因改造的過程	☐1	☐2	☐3	☐4
b) 學習為什麼有些植物不會受到除草劑的影響	☐1	☐2	☐3	☐4
c) 瞭解植物的雜交育種和基因改造之間的差別	☐1	☐2	☐3	☐4

科學樣題13　生物多樣性

閱讀下面的文章，並回答以下問題。

生物多樣性是環境管理的關鍵

保持高度生物多樣性的生態系統（較多的生物種類），與那些只有較少種類的生態系統相比，更能夠適應因人類活動造成的環境變化。

請分析以下圖中的兩個食物鏈網路（箭頭從被吃的食物指向食物的獲取者）。儘管與真實生態系統的食物鏈網路相比，這些圖已經被高度簡化，但它仍然闡明了上述兩類生態系統之間的關鍵性差異。

食物網B描述了生物多樣性較差時的情景，其獲取食物的路徑中僅包含著單一的生物；食物網A描述了具有多種生物的生態系統，因此，其獲取食物的路徑就有不同的選擇。

一般來講，生物多樣性的喪失需要引起人們的高度重視，這不僅是因為物種的毀滅代表著倫理和利益方面的重大損失，而且倖存下來的物種更容易受到攻擊，不久也將會面臨滅絕的命運。

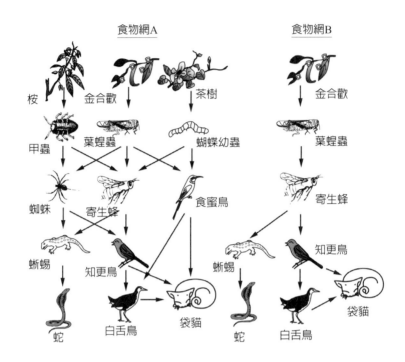

食物網A　　　　　　　　食物網B

桉　　金合歡　　茶樹　　　　金合歡

甲蟲　葉蟬蟲　　蝴蝶幼蟲　　葉蟬蟲

蜘蛛　寄生蜂　　食蜜鳥　　　寄生蜂

蜥蜴　知更鳥　　　　　蜥蜴　知更鳥

蛇　　白舌鳥　　袋貓　　蛇　白舌鳥　　袋貓

【問　　題】 1.在食物鏈網路A中，只有兩種動物具有三種食物直接供
　　　　　　　　給，它們是哪兩種動物？
　　　　　　　　A.袋貓和寄生蜂。　　　　　B.袋貓和白舌鳥。
　　　　　　　　C.寄生蜂和葉蟬蟲。　　　　D.寄生蜂和蜘蛛。
　　　　　　　　E.袋貓和食蜜鳥。

【評分標準】 滿分：選項A.袋貓和寄生蜂。
　　　　　　　　零分：其他回答或沒有作答。

【評量能力】 證明知識與理解的能力。

【問　　題】 2.葉蟬蟲在食物網A和B中處於不同的位置，假若它同時在
　　　　　　　　這兩個位置上消失（死亡），那麼對於哪一個食物網其
　　　　　　　　後果更嚴重？
　　　　　　　　A.食物網A的後果更嚴重，因為在A中寄生蜂只有一個食
　　　　　　　　　物來源。

B.食物網A的後果更嚴重，因為在A中寄生蜂有幾個食物
　來源。

C.食物網B的後果更嚴重，因為在B中寄生蜂只有一個食
　物來源。

D.食物網B的後果更嚴重，因為在B中寄生蜂有幾個食物
　來源。

【評分標準】　滿分：選項C.食物網B的後果更嚴重，因為在B中寄生蜂只
　　　　　　　有一個食物來源。

　　　　　　　零分：其他回答或沒有作答。

【評量能力】　描述和評估結論的能力。

科學樣題14　公共汽車

【問　　題】　1. 一輛公共汽車正在一條平直的道路上行
　　　　　　　駛，駕駛員的名字叫雷。一杯水正靜置
　　　　　　　在汽車的儀錶盤上。突然雷急剎車，則
　　　　　　　杯中的水最有可能發生的情況是什麼？

　　　　　　　A.杯中的水將保持水準。

　　　　　　　B.杯中的水將從左(1)邊溢出。

　　　　　　　C.杯中的水將從右(2)邊溢出。

　　　　　　　D.杯中的水溢出，但不能確定是從左(1)邊溢出，還是從
　　　　　　　右(2)邊溢出。

【評分標準】　滿分：選項C.杯中的水將從右(2)邊溢出。

　　　　　　　零分：其他回答或沒有作答。

【評量能力】　證明知識與理解的能力。

【問　　題】　2. 雷的汽車與大多數的汽車一樣，用汽油作能源，這些汽
　　　　　　　車會造成環境汙染。有些城市有無軌電車，用電能作為
　　　　　　　動力。電動機需要的電壓靠頭頂的電線供給（像電火車
　　　　　　　一樣）。電力是由發電站使用化石燃料供應。城市使用

　　　　　　無軌電車的支持者認為這些汽車不會造成環境汙染。

　　　　　　你認為這些支持者正確嗎？請解釋你的回答。

【評分標準】　滿分：給出的答案要闡明發電站也會造成環境汙染。譬
　　　　　　如：

　　　　　　・不是，發電站照樣也會造成環境汙染。

　　　　　　・是的，但僅僅對城市本身來說，這確實是對的。不管怎
　　　　　　　樣，發電站會造成環境汙染。

　　　　　　零分：只回答「是」或「不是」，沒有正確解釋或沒有作
　　　　　　答。

【評量能力】　證明知識與理解的能力。

科學樣題15　氣候變化

　　閱讀下列資訊，並回答以下問題。

人類的什麼活動帶來氣候的變化？

　　煤、石油、天然氣的燃燒，與森林砍伐和工農業各種生產一樣，改變
了大氣的成分，引起氣候的變化。人類的這些活動導致大氣粒子濃度和溫
室氣體的增加。引起溫度變化的主要因素及其重要關係如下圖所示。

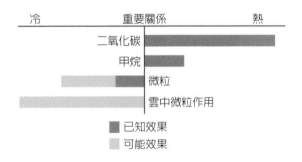

　　圖中表示增加二氧化碳和甲烷濃度將會起到增溫效應。增加粒子濃度
以引起降溫作用有兩種方法：標有「微粒」和「雲中微粒作用」。

　　線條從中線向右延伸表示增溫，線條從中線向左延伸表示降溫。「微

粒」和「雲中微粒作用」的影響關係相當含糊。每種可能引起影響的情況都用淺灰色的條形圖來表示。

【問　　題】　運用圖中的資訊來闡述一種論據，以支持在人類活動中減少二氧化碳排放的方法。

【評分標準】　滿分：

　　　　　　　　　·二氧化碳是導致大氣增溫／氣候變化的主要因素，所以減少二氧化碳的總排放量的最好方法是減少人類活動的壓力。

　　　　　　　　　·二氧化碳排放很大程度上引起大氣增溫，所以必須減排。

　　　　　　　　　·根據圖示，減少二氧化碳排放是很有必要的，因為地球相當熱。

　　　　　　　部分得分：二氧化碳引起大氣增溫／氣候變化。

　　　　　　　零分：沒有正確解釋或沒有作答。

【評量能力】　根據證據推導結論的能力。

科學樣題16　蒼蠅

閱讀下面的內容並回答問題。

蒼　蠅

　　一個農夫在農業試驗場用牛耕作。牛棚中的蒼蠅非常多，致使牛的健康受到了影響。因此，農夫往牛棚裡面噴灑了殺蟲劑A，幾乎將所有的蒼蠅都殺死了，然而過了一段時間後，蒼蠅的數量又多了起來，農夫就再次噴灑殺蟲劑，和第一次噴灑的結果不同的是，不是所有的蒼蠅被殺死。又過了較短的時間後，蒼蠅的數量再次增加了，於是他再次噴灑殺蟲劑。這樣重複了五次。很顯然，殺蟲劑A的減蠅效果愈來愈差了。農夫注意到一大批殺蟲劑溶液已經被製造出來，並用於所有的噴灑減蟲。因此，他提出殺蟲劑的藥效可能會隨時間而減弱。

【問　題】 1. 簡要論述如何證實農夫關於殺蟲劑藥效會隨著時間而減弱的觀點。

【評分標準】 滿分：

回答中，應用了三個控制變數，即蒼蠅的類型、殺蟲劑使用時間、蒼蠅是否接觸過殺蟲劑。例如，將新配製的殺蟲劑和原來配製的殺蟲劑同時應用於兩組類型相同且沒有接觸過這種殺蟲劑的蒼蠅，比較它們的效果。

代碼04：在回答中應用了以上三個控制變數中的二個。例如，將新配製的殺蟲劑和原來配製的殺蟲劑應用於牛棚中的蒼蠅。

代碼03：在回答中應用了以上三個控制變數中的二個。例如，對這種殺蟲劑，在間隔一定時間後，進行化學分析，看看其中有沒有因為時間推移而發生化學變化。

部分得分：

代碼02：提到將新配製的殺蟲劑和原來配製的殺蟲劑的治蟲效果進行比較。

代碼01：提到對殺蟲劑進行化學分析，沒有提到比較殺蟲劑隨時間推移的變化。或者僅僅提到將殺蟲劑送到實驗室化驗，沒有提到進行比較。

零分：代碼為0：其他回答；代碼為08：回答離題；代碼為09：空白。

【評量能力】 辨別實驗證據的能力。

【問　題】 2. 農夫認為殺蟲劑的藥效會隨著時間而減弱。提出兩個和農夫不同的解釋，用來解釋「殺蟲劑A的滅蠅效果愈來愈差」。

【評分標準】 滿分：代碼為02。

解釋1：提到具有抗藥性的蒼蠅能夠生存下來，並把抗藥性遺傳給下一代。

解釋2：環境條件的變化，如溫度、殺蟲劑使用方法的改變等。

部分得分：回答只提到一種解釋。

零分：其他回答，如從別的地方飛來了新的蒼蠅。或沒有作答。

【評量能力】 識別科學問題的能力。

科學樣題17 小牛的克隆

閱讀下面關於5隻小牛出生的文章。

1993年2月，法國國家農業研究學會的研究團隊在Bresson-Villiers成功培育出5隻克隆小牛。克隆的培育（利用相同的遺傳物質培育出5隻不同的小牛）程式相當複雜。

首先研究人員從一頭母牛（我們假定這隻母牛的名字為布蘭奇1號）身上取出約30個卵細胞。研究人員去除了每個卵細胞的細胞核。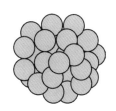

接著研究人員從另一隻母牛（我們假定為布蘭奇2號）取出了一個胚胎。這個胚胎大約由30個細胞組成。

研究人員將從布蘭奇2號取來的細胞球分離為單個細胞，然後將每個細胞的細胞核取出，分別將每個細胞核注射到來自布蘭奇1號（細胞已經去核）的30個獨立的細胞內。

最後將這30個注射好的卵細胞植入30隻代孕母牛子宮。九個月後，5隻代孕母牛各自生出1隻克隆小牛。

一位研究人員說這項克隆技術的大規模應用，能為家畜養殖業帶來經濟利益。

【問　　題】 1. 法國母牛實驗的主要觀點已經得到檢驗，並從結果中可以確認。哪個主要觀點在法國實驗中已經得到檢驗？

【評分標準】 滿分：提出一個可接受的主要想法。譬如：

·克隆小牛的觀點是否有可能。

·測定能產生克隆小牛的數量。

·克隆是可能的。

零分：提出的答案沒有提及小牛克隆。或重複「這項克隆技術的大規模應用，能為養殖業帶來經濟利益」。或沒有作答。譬如：

·母牛的所有細胞都一樣。

·大多數的克隆都成功了。

【評量能力】 識別科學問題的能力。

【問　題】 2. 下列敘述哪項是真的？每項圈出「是」與「否」。

敘述	是／否？
5隻小牛都有同樣的基因	是／否
5隻小牛都有同樣的性別	是／否
5隻小牛的毛都是相同的顏色	是／否

【評分標準】 滿分：依次為是、是、是。

零分：其他回答或沒有作答。

【評量能力】 評量科學結論的能力。

科學樣題18　玉米

閱讀思考以下這一新聞報導。

荷蘭人利用玉米作燃料

奧克·菲爾達的爐灶下幾塊原木燃著微火。從火爐旁邊的一個紙袋中，他手抓一把玉米然後把它撒進火焰中。隨即，火苗變得很旺盛。「你看這裡，」菲爾達說，「火爐的四周保持清潔，火苗旺盛並且玉米能夠完全燃燒。」菲爾達說出了一個事實，即玉米可被用來作為燃料，就如同可

以作牛的食物一樣。據他而言，這是不久後可以實現的。

菲爾達指出，玉米作為牛的食物，實際上是一種燃料。牛吃玉米，利用它以取得能量。但是，菲爾達解釋說，出售玉米為燃料而不是作為養牛的食物，可能更使農民有利可圖。

菲爾達堅信，從長遠來看，玉米將被廣泛用作燃料。他幻想著，玉米收穫後經貯存、烘乾和包裝，然後裝袋出售。

菲爾達目前正在調查是否整個玉米植株都可作為燃料，但這項研究尚未完成。

菲爾達還需要考慮的問題集中於二氧化碳的排放量。二氧化碳被視為導致溫室效應的主要原因之一。增加溫室效應會使地球的平均氣溫增加。

在菲爾達看來，二氧化碳是沒有錯的。相反，他認為，植物吸收二氧化碳並轉化成氧氣為人類所用。

然而，菲爾達的計畫可能會與政府發生衝突，而這實際上是在試圖減少二氧化碳的排放。菲爾達說，「事實上有許多科學家認為，二氧化碳不是造成溫室效應的主要原因」。

【問　　題】　1. 菲爾達把以玉米作為食物和以玉米作為燃料做比較。
　　　　　　　下表第一列為玉米燃燒時的情況。玉米在動物體內消化是否也與此相同？圈「是」或「否」。

當玉米燃燒時	玉米在動物體內消耗，是否也與此相同？
消耗氧氣	是 / 否
產生二氧化碳	是 / 否
產生能量	是 / 否

【評分標準】　滿分：依次為是、是、是。
　　　　　　　零分：其他回答或沒有作答。

【問　　題】 2. 在文章中形容二氧化碳的轉換是「……植物吸收二氧化碳並轉化成氧氣……」。除了二氧化碳和氧氣外，還有一些物質參與了這一轉化。轉化運算式為：

二氧化碳＋水→氧氣＋（　　　）

在括弧中寫入相應的物質。

【評分標準】 滿分：下列說法之一：葡萄糖／糖／碳水化合物／糖類／澱粉。

零分：其他回答或沒有作答。

【問　　題】 3. 在文章末尾，菲爾達說有許多科學家認為二氧化碳不是造成溫室效應的主要原因。卡琳在資料上查到導致溫室效應的主要為以下四種氣體：

導致溫室效應的氣體分子數			
二氧化碳	甲烷	氧化亞氮	氟氯烴
1	30	160	17,000

從這個表，卡琳不能確定哪種是影響溫室效應的主要氣體。表中的資料不足以說明問題，結合其他資料，卡琳才能得出是什麼氣體主要導致了溫室效應。那麼，卡琳應該蒐集的還有什麼資料？

A.關於這四種氣體的產源。

B.植物所能吸收這些氣體的量。

C.這四種氣體的分子式。

D.這四種氣體在大氣中的總排放量。

【評分標準】 滿分：D.這四種氣體在大氣中的總排放量。

零分：其他回答或沒有作答。

科學樣題19　適合飲用

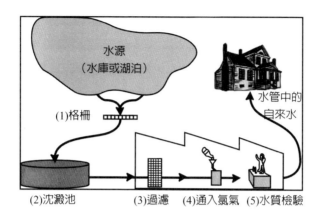

上圖表示城市住宅飲用水的處理過程。

【問　　題】　1. 有一個良好的飲用水源很重要。在地底下發現的水被稱
　　　　　　　　為地下水。為什麼地下水比湖水和河水等地表水有更少
　　　　　　　　的細菌和顆粒汙染？請說出一個原因。

【評分標準】　滿分：

　　　　　　代碼11：回答提到地下水滲透地面，從而被過濾。

　　　　　　・當水通過沙子和小顆粒時，就乾淨了。

　　　　　　・它能被自然地過濾。

　　　　　　・因為水透過地面時，會被岩石和沙子過濾。

　　　　　　代碼12：回答提到地下水被封閉於地下，因此防止了可能
　　　　　　的汙染；或地表水更容易受汙染。

　　　　　　・地下水在地球內部，因此空氣汙染不可能將水弄髒。

　　　　　　・因為地下水是不開放的，它在某些東西的下面。

　　　　　　・湖水和河水會被空氣汙染，而且你可能在裡面游泳等
　　　　　　　等，所以水不乾淨。

　　　　　　・因為湖水和河水被人與動物汙染。

　　　　　　代碼13：其他正確回答。

・地下水中沒有細菌賴以生存的食物，所以細菌無法生存。

・地下水不在太陽底下，有藍綠色藻類。

不得分：

代碼01：回答提到地下水非常乾淨。（已知資訊）

・因為它已經很乾淨。

・因為湖水和河水裡面有垃圾。（沒有解釋為什麼）

・因為那裡細菌比較少。

代碼02：回答明顯提到圖中提供的清潔過程。

・因為地下水經過篩檢程序並加入氯。

・地下水經過篩檢程序，使之徹底清潔。

代碼03：其他回答。

・因為它總是運動著。

・因為它沒有被攪動，因此不會帶起底下的淤泥。

代碼99：空缺。

【題目類型】 開放性回答

【評量能力】 科學地解釋現象

【知識類別】 地球與空間系統（科學知識）

【應用領域】 自然資源

【背　　景】 全球

　　該題聚焦於水品質的兩個方面——顆粒和細菌汙染物。回答該問題要求應用科學知識來解釋為什麼未經處理的地下水，比未經處理的地表水有更少的汙染物。

　　清潔飲用水的應用對各地人們的每一天都很重要。雖然作為一個問題，它的重點會隨著具體情況而不同，但題目的類別和在現象解釋中需要運用的科學知識的必要性是一致的。

　　該題在考查中具有很好的區分度，難度中等，約三分之二的學生能作出正確回答。

【問　　題】　2. 水的清潔處理通常有包括不同技術的幾個步驟。清潔過程如樣題下的附圖中（見P.165）的四個步驟〔序位(1)～(4)〕。在第二個步驟，水蒐集在沈澱池中。

該步驟通過什麼方式讓水更乾淨？

A.水中細菌死亡。

B.往水中通入氯氣。

C.礫石和沙子沈入底部。

D.有毒物質被分解。

【評分標準】　滿分：代碼1：C.礫石和沙子沈入底部。

不得分：代碼0：其他回答。

代碼9：空缺。

【題目類型】　選擇題

【評量能力】　科學地解釋現象

【知識類別】　物質系統（科學知識）

【應用領域】　健康

【背　　景】　社會

該單元背景明確了水分配給各家各戶前，蒐集在水庫和湖中的清潔方式。該題涉及認知或推論沈澱池的用途。因此它評量學生關於水中顆粒在重力作用下沈澱的知識。

本領域的考查顯示該題具有一般難度和良好的區分度，儘管第二個選項（B）是個比較弱的錯誤選項。

【問　　題】　3. 在清潔過程的第四步要把氯氣加入水中，為什麼要這樣做呢？

【評分標準】　滿分：代碼1：回答提到除掉、殺死或分解細菌（或微生物或病毒或病菌）。

・使其免受細菌影響。

・氯氣殺死細菌。

・殺死所有的藻類。

零分：代碼0：其他回答。

・水獲得少量的酸將不會有藻類。

・就像氟化物一樣。

・清理更多一些的水並殺死遺留下來的東西。（「東西」
　這個詞不夠具體）

・為了保持清潔和可飲用性。

代碼9：空缺。

【題目類型】　開放性回答

【評量能力】　科學地解釋現象

【知識類別】　生命系統（科學知識）

【應用領域】　健康

【背　　景】　社會

　　和前面的題目一樣，該題背景與市民日常生活相關，他們應該知道一些關於飲用水處理的事情。

　　在解釋為什麼要在水中加入氯氣時，要應用氯氣對生物影響的知識。因此知識類別是「生命系統」。

　　在本領域的考查中，該題相當好地呈現出適當的區分度。整體上它是一個具有中低難度的題目，但在少數一些國家和地區顯得比較難。

【問　　題】　4. 假設科學家在檢測自來水廠的水時發現，清潔處理過程
　　　　　　　完成後的水中有一些危險的細菌。人們在家中飲用該水
　　　　　　　之前，應該做什麼處理？

【評分標準】　滿分：

代碼11：回答提到將水煮沸。

・煮沸它。

代碼12：回答提到能在家中安全操作的其他可能的清潔方式。

・用氯化淨水藥片處理水。

・使用微孔篩檢程序。

不得分：

代碼01：回答提到不可能在家中安全進行或在家中實施不切實際的「專業」淨水方法。

・在桶裡將水和氯化物混合後再喝。

・更多氯化物、化學和生物設備。

・提煉水。

代碼02：其他回答。

・再淨化一次。

・使用咖啡篩檢程序。

・買瓶裝水直到清潔過程合格。（迴避提出的問題）

代碼99：空缺。

【題目類型】　開放性回答

【評量能力】　科學地解釋現象

【知識類別】　生命系統（科學知識）

【應用領域】　健康

【背　　景】　社會

　　該題要求學生知道能在家裡進行的殺死細菌或從水中去除細菌的實用方法。因此知識類別是「生命系統」。

　　該題在本領域測試中表現出適當的區分度，相對各國（地區）平均水準而言，屬中低難度。但是在不同國家和地區分組中，難度呈現很大的變化，因此該題並不包含在主要的學習內容中。

【問　　題】　5. 飲用受汙染的水會引起下面的健康問題嗎？

　　　　　　在每個例子後面圈上「是」或「否」。

飲用受汙染的水，會引起這種健康問題嗎？	是或否？
糖尿病	是／否
腹瀉	是／否
愛滋病	是／否

【評分標準】　滿分：代碼1：三個回答都正確：否、是、否，按此順序。

　　　　　　　不得分：

　　　　　　　代碼0：其他回答。

　　　　　　　代碼9：空缺。

【題目類型】　複雜選擇題

【評量能力】　科學地解釋現象

【知識類別】　生命系統（科學知識）

【應用領域】　健康

【背　　景】　個人

　　該題評量關於一些常見病（遺傳的、細菌的、病毒的）能否在水中傳播的知識。

　　歸類為「科學地解釋現象」，但屬於該能力的一種低水準形式，因為該題能透過知識的簡單回憶來作答。知識類別明顯涉及「生命系統」。

　　該題難度低，區分度適當。女性比男性更有可能作出正確回答。

【問　　題】　6. 你對下面資訊感興趣的程度如何？（每行只勾選一個方框）

	高興趣	中等興趣	低興趣	沒有興趣
a) 瞭解如何測試水中的細菌汙染	□1	□2	□3	□4
b) 學習更多關於水供給的化學處理過程	□1	□2	□3	□4
c) 學習哪些疾病能在飲用水中傳播	□1	□2	□3	□4

【題目類型】　態度

【態　　度】　關於科學學習的興趣

　　設計該題是為了評估學生對學習更多與飲用水相關的科學問題的興趣。它出現在本單元的最後，這樣學生在被詢問意見前，對背景有所瞭解。

　　興趣透過學生對獲得關於三種不同的水汙染和飲用水處理的資訊過程體現出來。

　　本領域測試結果分析表明，所有這三個陳述，明顯都定位在一個「興趣」向度。學生對學習哪些疾病在飲用水中傳播（陳述c）表現出非常強烈的興趣，因為這裡面與個人健康和安全相關的內容最多。

科學樣題20　蛀牙

　　我們口腔裡的細菌導致齲齒（蛀牙）。十八世紀食糖產業的不斷發展壯大，使得齲齒成為影響人們健康的一個普遍問題。

　　現在，人們對齲齒比較瞭解，例如人們知道：

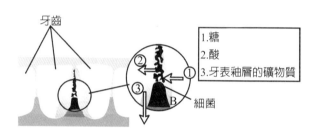

　　產生齲齒的細菌以糖為食物。

　　這些糖被轉化成了酸。

　　這些酸會破壞牙齒表面。

　　刷牙有助於防止齲齒。

【問　　題】　1. 細菌在引起齲齒過程中，產生什麼樣的作用？

　　　　　　　　A.細菌生成釉層。

　　　　　　　　B.細菌生成糖。

　　　　　　　　C.細菌生成礦物質。

　　　　　　　　D.細菌生成酸。

【評分標準】　滿分：D.細菌生成酸。

　　　　　　　零分：其他回答或沒有作答。

【評量能力】　應用科學證據的能力。

【問　　題】 2. 右圖展示了不同國家食
糖消費量和齲齒數量間
的關係，一個圓點代表
一個國家。

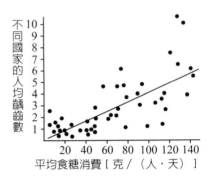

以下哪種描述符合右圖
所給資料？

A.一些國家的人們比另
一些國家的更勤於刷
牙。

B.糖吃得愈多，愈可能導致齲齒。

C.近年，一些國家的齲齒患者比例有所上升。

D.近年，一些國家的食糖消費量有所上升。

【評分標準】

滿分：B.糖吃得愈多，愈可能導致齲齒。

零分：其他回答或沒有作答。

【評量能力】　應用科學證據的能力。

【問　　題】 3. 一個國家的人均患蛀牙數量很高。可否透過科學實驗回
答以下關於蛀牙的問題？請圈「是」或「否」來回答。

可否透過科學實驗回答以下關於蛀牙的問題？	是或否？
把氟化物放在飲用水裡，以測試其對抑制蛀牙有怎樣的效果	是／否
看一次牙醫應收多少錢？	是／否

【評分標準】　滿分：依次為是、否。

零分：其他回答或沒有作答。

【評量能力】　識別科學問題的能力。

【問　　題】 4. 你對下面資訊的興趣如何？（每行只允許選一個）

	興趣很高	興趣一般	興趣很低	沒有興趣
在顯微鏡下觀察蛀牙細菌	☐1	☐2	☐3	☐4
瞭解防蛀牙的疫苗發展情況	☐1	☐2	☐3	☐4
瞭解含糖食物如何導致蛀牙	☐1	☐2	☐3	☐4

科學樣題21　熱效應

【問　　題】 1. 彼得從事修理老房子的工作。他在汽車行李箱裡放置了一瓶水、一些金屬釘和一片木料。當汽車在太陽下曝露三個小時後，車內的溫度達到了約40°C。

汽車裡的物品發生了什麼變化？每項圈出「是」或「否」。

汽車裡的物品發生了什麼？	是或否？
它們的濕度都相同	是 / 否
過了一會兒，水開始沸騰	是 / 否
過了一會兒，金屬釘開始灼熱變紅	是 / 否

【評分標準】 滿分：依次為是、否、否。

零分：其他回答或沒有作答。

【評量能力】 科學化地解釋現象的能力。

【問　　題】 2. 彼得有一杯熱咖啡，溫度約90°C；一杯冷礦泉水，溫度約5°C。杯子的類型、大小和每種飲料的體積都相同。彼得將其放置在氣溫為20°C的房間內。十分鐘後，咖啡和礦泉水溫度最有可能的是多少度？

A. 70°C和10°C。

　　　　　　　B.90°C和5°C。

　　　　　　　C.70°C和25°C。

　　　　　　　D.20°C和20°C。

【評分標準】　滿分：A.70°C和10°C。

　　　　　　　零分：其他回答或沒有作答。

【評量能力】　科學化地解釋現象的能力。

【問　　題】　3.（態度）

　　　　　　　下列敘述，你贊同的程度怎樣？（每項中選出一個方框）

	非常贊同	贊同	不贊同	非常不贊同
知道不同形狀杯子咖啡變冷的速率	□1	□2	□3	□4
學習原子在木材、水、鋼鐵中的不同排列順序	□1	□2	□3	□4
學習為什麼不同固體導熱性不同	□1	□2	□3	□4

科學樣題22　鼠痘

　　動物中有多種類型的痘疹病毒引起動物瘟疫。每個病毒類型通常僅感染一種動物。據一家雜誌報導：有一位元科學家利用基因工程來修改鼠痘的DNA，修改過的病毒可透過傳染殺死所有的老鼠。

　　這位元科學家說，研究改造病毒對控制那些毀壞人類食物的有害動物是很有必要的。研究評論家認為病毒會從實驗室逃走而感染其他動物。他們還擔憂改造過的痘疹病毒，會從一個物種傳染到另一個物種，尤其是人類。

　　感染人類的痘疹病毒稱為天花。從前，感染了天花的大多數人將會喪生。值得思考的是當天花病毒樣本都保存在全世界的實驗室時，這些疾病才能從一般種群消失。

【問　　題】 1.評論家表示擔憂的，是鼠痘病毒除老鼠外還會感染別的種類。下列哪個原因是這種擔憂的最好解釋？

　　　　　　A.天花病毒基因和改造後的鼠痘病毒基因是完全相同的。

　　　　　　B.變異的鼠痘DNA會讓該病毒感染其他動物。

　　　　　　C.變異會使鼠痘DNA感染天花DNA。

　　　　　　D.鼠痘病毒的基因數量與其他痘疹病毒一樣。

【評分標準】 滿分：變異的鼠痘DNA也許會讓該病毒感染其他動物。

　　　　　　零分：其他回答或沒有作答。

【評量能力】 科學化地解釋現象的能力。

【問　　題】 2.批評這項研究的人，擔憂改造的鼠痘病毒會從實驗室逃出，這種病毒會引起一些老鼠種類滅亡。

　　　　　　如果一些老鼠物種絕種，下面這些情況有可能發生嗎？（每種情況圈出「是」或「否」）

一些種類的老鼠絕種，這種結局有可能嗎？	是或否？
一些食物鏈將受到影響	是 / 否
家貓將因缺乏食物而死亡	是 / 否
老鼠驟然增加，植物種子將會被吃光	是 / 否

【評分標準】 滿分：依次為是、否、是。

　　　　　　零分：其他回答或沒有作答。

【評量能力】 科學化地解釋現象的能力。

【問　　題】 3.一家公司想要開發一種使老鼠不育的病毒，這樣的病毒將有助於控制老鼠的數量。

　　　　　　假如該公司獲得成功，在釋放病毒前，下列問題應該透過研究回答嗎？每種情況圈出「是」或「否」。

在釋放病毒前，下列問題應該回答嗎？	是或否？
傳播病毒的最好方法是什麼？	是 / 否
多久後，老鼠會對該病毒產生免疫？	是 / 否
該病毒會攻擊別的動物種類嗎？	是 / 否

【評分標準】　滿分：依次為是、是、是。

　　　　　　　零分：其他回答或沒有作答。

【評量能力】　科學化地解釋現象和識別科學問題的能力。

【問　　題】　4.（態度）

　　　　　　　下列敘述，你贊同的程度怎樣？（每項中選出一個方框）

	非常贊同	贊同	不贊同	非常不贊同
學習有關病毒結構的知識	□1	□2	□3	□4
知道病毒怎樣變異	□1	□2	□3	□4
知道怎樣更好地進行自身防禦，以抵抗病毒	□1	□2	□3	□4

科學樣題23　棘魚的習性

棘魚是一種容易在玻璃缸中飼養的魚類。

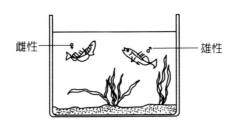

·在繁殖期，雄棘魚的腹部將由銀色變為紅色。

·雄棘魚會襲擊並趕走任何到它領域挑釁的雄棘魚。

・如果銀白色的雌棘魚靠近，它會帶她進入自己的巢穴，便於雌魚產卵。

・在實驗中，學生想調查什麼因素會使雄棘魚表現出好鬥的習性。

學生的玻璃缸裡僅有一條雄棘魚。該學生將三種不同顏色的蠟製模型繞上金屬線，將模型同時分別吊進玻璃缸中，然後記下雄棘魚對三種蠟製模型的攻擊次數。

實驗結果如下：

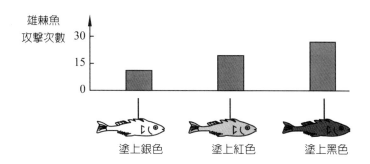

【問　　題】　1. 該實驗試圖回答的是什麼問題？

【評分標準】　滿分：代碼1：

　　　　　　　・什麼顏色會引起雄棘魚的強烈攻擊？

　　　　　　　・雄棘魚對紅色模型的攻擊性大於對銀色的模型嗎？

　　　　　　　・顏色和攻擊性有聯繫嗎？

　　　　　　　・是魚的顏色引起雄棘魚的攻擊嗎？

　　　　　　　・雄棘魚認為對它威脅最大的是什麼顏色的魚？

　　　　　　零分：代碼0：

　　　　　　其他沒有涉及刺激物、模型、魚的顏色的答案。

　　　　　　　・什麼顏色導致了雄棘魚的攻擊行為？（注：沒有比較的意思）

　　　　　　　・雄棘魚的攻擊是由雌棘魚的顏色決定的嗎？（注：第一個實驗沒有提到魚的性別）

　　　　　　　・雄棘魚對哪個模型反應最強烈？（注：要特別提出模

　　　　　　　型、魚的顏色）

　　　　　　　代碼9：空白。

【評量能力】　識別科學問題的能力。

【問　　題】　2. 在繁殖期，如果雄棘魚看到異性會向對方求愛，這個過
　　　　　　　　程類似於跳舞。在第二個實驗中，以求愛行為作為研究
　　　　　　　　對象。

　　　　　　　　然後，將三種蠟製模型穿在同一根金屬線上。一隻是紅
　　　　　　　　色，另外兩隻都是銀色。一隻肚子平平的，另一隻肚子
　　　　　　　　圓圓的。學生記下雄棘魚對模型的求愛次數（給定時間
　　　　　　　　內）。

　　　　　　　　實驗結果如下：

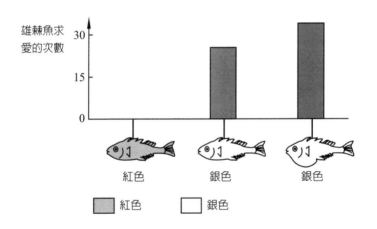

　　　　三個學生由第二次的實驗結果得出了結論：

從圖片提供的資訊中，能夠得到這些結論嗎？	是或否？
紅色引起求愛行為	是／否
平腹（肚子平平的）雌魚更能激起異性求愛行動	是／否
雄棘魚對圓腹（肚子圓圓的）雌魚的求愛興趣，大於對平腹雌魚的	是／否

【評分標準】　滿分：代碼1：

以下順序全對：否、否、是

零分：代碼0：其他答案。

代碼9：空白。

【評量能力】　運用科學證據的能力。

【問　　題】　3.實驗顯示雄棘魚對紅腹魚展開攻擊，對銀色腹部的異性
求愛。

在第三個實驗中，以下四種模型被依次用到：

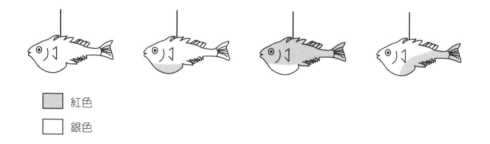

□ 紅色

□ 銀色

下面三個圖顯示的是雄棘魚可能對上述模型作出的反
應：

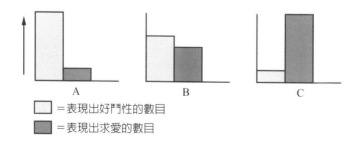

□ ＝表現出好鬥性的數目

■ ＝表現出求愛的數目

你可以分別對四種模型會發生哪一種反應，進行預測嗎？
將會有哪些反應？選擇A、B或C完成下表。

	反應		
模型1			
模型2			
模型3			
模型4			

【評分標準】　滿分：代碼2：C、A、C、B。

　　　　　　　部分得分：代碼1：有三個正確答案。

　　　　　　　零分：代碼0：其他答案；代碼9：空白。

【評量能力】　運用科學證據的能力。

科學樣題24　吸菸

　　人們透過捲菸、雪茄和菸斗吸食菸草。研究表明全世界每天將近13,500人死於與吸菸有關的疾病。有人預言在2020年前，與吸菸有關的疾病引起的死亡人數占全球死亡數的12%。

　　菸草香菸含有許多有害物質，危害性最大的物質是焦油、尼古丁和一氧化碳。

【問　　題】　1. 菸草香菸吸入肺裡，香菸中的焦油儲存在肺裡，妨礙肺的工作，從而使肺不能達到最佳狀態。

　　　　　　　下列哪一項是肺的功能？

　　　　　　　A.將含氧高的血液泵到身體各部位。

　　　　　　　B.交換一些氧通過你的呼吸進入血液，吸收經呼吸進入的氧，並與血液交換氣體，釋放氧氣，吸收二氧化碳。

　　　　　　　C.淨化人體的血液，將血液中二氧化碳含量降低到零。

　　　　　　　D.將二氧化碳轉變為氧氣。

【評分標準】　滿分：B.交換一些氧透過你的呼吸進入血液，吸收經呼吸

進入的氧，並與血液交換氣體，釋放氧氣，吸收二氧化碳。

零分：其他答案或沒有作答。

【評量能力】　科學化地解釋現象的能力。

【問　　題】　2. 吸菸將增大得肺癌和其他疾病的風險。

吸菸會增加得下列疾病的風險嗎？每項圈出「是」或「否」。

吸菸會增加感染這些疾病的風險嗎？	是或否？
支氣管炎	是 / 否
愛滋病	是 / 否
青春痘	是 / 否

【評分標準】　滿分：依次為是、是、否。

零分：其他答案或沒有作答。

【評量能力】　科學化地解釋現象的能力。

【問　　題】　3. 有些人利用尼古丁藥膏來幫助戒菸，將這種藥膏貼在皮膚上，其釋放的尼古丁進入血液。這樣有助於人們在戒菸期間免除菸癮、減輕症狀。

通過任意選擇100多位想戒菸的菸民，來研究尼古丁藥膏的效力。這個小組研究了六個月，尼古丁藥膏的效力可以透過這個研究小組統計的研究結束時有多少人不再重新吸菸的資料來測定。

下列哪種實驗設計最好？

A.小組的每個人都貼上藥膏。

B.除了一個人嘗試著不用藥膏來戒菸外，其他所有人都貼上藥膏。

C.由人們自己選擇是否貼藥膏戒菸。

D.一半人任意選擇使用藥膏，另一半人不使用藥膏。

【評分標準】 滿分：D.一半人任意選擇使用藥膏，另一半人不使用藥膏。

零分：其他答案或沒有作答。

【評量能力】 識別科學問題的能力。

【問　　題】 4.各種方法都用來影響人們停止吸菸。

下列處理問題的方法是基於技術的嗎？每項圈出「是」或「否」。

減少吸菸的方法是基於技術的嗎？	是或否？
增加香菸的成本	是 / 否
研究尼古丁藥膏幫助人們戒菸	是 / 否
公共場所禁止吸菸	是 / 否

【評分標準】 滿分：依次為否、是、否。

零分：其他答案或沒有作答。

【評量能力】 識別科學問題的能力。

【問　　題】 5.下列敘述，你贊同的程度怎樣？（每項中選出一個方框）

	非常贊同	贊同	不贊同	非常不贊同
知道焦油是怎樣降低肺的功能	□1	□2	□3	□4
理解為什麼尼古丁會上癮	□1	□2	□3	□4
學習停止吸菸後，身體怎樣恢復	□1	□2	□3	□4

科學樣題25　星光

　　Toshio喜歡看星星。然而，他在夜晚不能很好地觀察星星，因為他居住在一個大城市。

　　去年，Toshio到鄉下遊玩，在那裡他觀察到大量的在城市裡看不到的星星。

【問　　題】　1. 為什麼在鄉下能觀察到的星星數目，比在大城市中觀察到的多許多？

　　　　　　　A.在城市中月亮的光比較明亮，掩蓋了許多星星發出的光芒。

　　　　　　　B.鄉村的空氣中，有比城市的空氣中更多的反射光的灰塵。

　　　　　　　C.城市的燈光的光亮，使許多星星難以被觀察到。

　　　　　　　D.由於汽車、機器和房屋排放的熱量，城市的空氣溫度較高。

【評分標準】　滿分：C.城市的燈光的光亮，使許多星星難以被觀察到。

　　　　　　　零分：其他回答或沒有作答。

【評量能力】　科學化地解釋現象。

【問　　題】　2. Toshio為了觀察到低亮度的星星，用了一個大口徑的望遠鏡。為什麼用一個大口徑的望遠鏡能夠觀察到低亮度的星星？

　　　　　　　A.口徑愈大，接收到的光愈多。

　　　　　　　B.口徑愈大，放大能力愈強。

　　　　　　　C.口徑愈大，看到的天空愈多。

　　　　　　　D.較大的口徑能分辨星星模糊的顏色。

【評分標準】　滿分：A.口徑愈大，接收到的光愈多。

　　　　　　　零分：其他回答或沒有作答。

【評量能力】　科學化地解釋現象。

科學樣題26　超音波

　　在許多國家，胎兒的照片可以利用超音波成像（回聲檢查法）拍攝下來。

　　超音波對於母親和胎兒的安全問題都是經過深思熟慮的。醫生握著探頭在母親的腹部移動，超音波傳送到腹腔。在腹腔內部，超音波從胎兒的表面反射，反射波又被探頭蒐集並傳送到能夠成像的機器上。

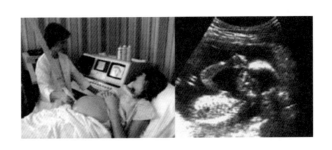

【問　　題】　1. 超音波成像儀必須計算胎兒到探頭之間的距離。超音波以1,540m/s的速度穿過腹部，機器必須測量什麼才能計算出這個距離？

【評分標準】　滿分：答案如下：

　　　　　　　‧必須測量超音波從探頭到胎兒表面和反射回來的時間。

　　　　　　　‧波經歷的時間。

　　　　　　　‧時間。

　　　　　　　‧時間；距離＝速度×時間。

　　　　　　　‧必須得知超音波什麼時候發現胎兒。

　　　　　　　零分：其他答案或沒有回答。

【評量能力】　科學化地解釋現象。

【問　　題】　2. 胎兒的圖像也可以用X射線獲得。不管怎樣，建議婦女懷孕期間，腹部要避免照射X射線。

　　　　　　　為什麼婦女懷孕期間，腹部特別要避免照射X射線？

【評分標準】　滿分：答案如下：

　　　　　　　・X射線對胎兒有害。

　　　　　　　・X射線會傷害胎兒。

　　　　　　　・X射線會造成胎兒突變。

　　　　　　　・X射線會造成胎兒先天缺陷。

　　　　　　　・因為胎兒會受到一些輻射。

　　　　　　　零分：其他答案或沒有回答。

【評量能力】　科學化地解釋現象。

【問　　題】　3. 孕婦超音波檢測能提供下列問題的答案嗎？每個問題後
　　　　　　　圈出「是」或「否」。

超音波檢測能回答這個問題嗎？	是或否？
有一個以上胎兒嗎？	是 / 否
胎兒的眼睛是什麼顏色？	是 / 否
胎兒的大小正常嗎？	是 / 否

【評分標準】　滿分：依次為是、否、是。

　　　　　　　零分：其他答案或沒有作答。

【評量能力】　科學化地解釋現象的能力。

【問　　題】　4. 下列敘述，你贊同的程度多大？（態度）
　　　　　　　　（每項中選出一個方框）

	非常贊同	贊同	不贊同	非常不贊同
理解超音波怎樣透過胎兒而不會對其造成傷害	□1	□2	□3	□4
學習更多關於X射線與超音波區別的知識	□1	□2	□3	□4
知道可用超音波的其他體檢	□1	□2	□3	□4

科學樣題27　唇彩

下面的表格提供了你可以自己製作化妝品的兩種不同配方。

口紅比柔軟乳狀的唇彩要硬一些。

化妝品	唇彩	口紅
成分	5克蓖麻油 0.2克蜂蠟 0.2克棕櫚蠟 一茶匙有色物質 一滴食物調料	5克蓖麻油 1克蜂蠟 1克棕櫚蠟 一茶匙有色物質 一滴食物調料
操作指南	把裝有油和蠟的容器放在熱水裡加熱，直到它們充分混合。然後加入有色物質和調料，最後把它們混合起來。	把裝有油和蠟的容器放在熱水裡加熱，直到它們充分混合。然後加入有色物質和調料，最後把它們混合起來。

【問　　題】　1. 在製作唇彩和口紅時，先把油和蠟混合在一起，然後把有色物質和調料加入。

　　　　　　　　使用這種處方製作的口紅是硬的，同時也不好用。為了製造一支軟一點的口紅，你該如何改變這些成分的比例？

【評分標準】　滿分：回答包含：應該加入較少的蠟和／或更多的油。你可以使用較少的蜂蠟和棕櫚蠟。

　　　　　　　加入更多的蓖麻油。加入7克油。

　　　　　　　零分：其他答案或沒有作答。

【評量能力】　運用科學證據的能力。

【問　　題】　2. 油和蠟是可以較好地混合在一起的物質。但油不能與水混合，蠟也不能溶於水。

　　　　　　　　如果很多的水濺入了正在加熱的口紅混合物中，以下哪一種情況最可能發生？

A.將生產出一種更像乳脂的、更柔軟的混合物。

B.這種混合物將變得更加堅硬。

C.這種混合物一點都沒有改變。

D.混合物的脂肪小塊浮在水面上。

【評分標準】　滿分：D.混合物的脂肪小塊浮在水面上。

　　　　　　　零分：其他答案或沒有作答。

【評量能力】　運用科學證據的能力。

【問　　題】　3.當加入一種稱為乳化劑的物質時，它可以讓油和蠟較好
　　　　　　　地溶於水。為什麼肥皂和水能洗掉口紅？

　　　　　　　A.水中含有可以使肥皂和口紅混合的乳化劑。

　　　　　　　B.肥皂擔任乳化劑的角色，使水和口紅混合。

　　　　　　　C.口紅中的乳化劑讓肥皂和水混合起來了。

　　　　　　　D.肥皂和口紅結合起來，形成一種乳化劑，使它們能與
　　　　　　　　水混合。

【評分標準】　滿分：B.肥皂擔任乳化劑的角色，使水和口紅混合。

　　　　　　　零分：其他答案或沒有作答。

【評量能力】　運用科學證據的能力。

科學樣題28　進化

現在的大多數馬的體形都是流線型的，而且能跑得很快。

科學家已經找到了與馬相似的動物的骨骼化石。他們認為這些動物是
現代馬的祖先。科學家同時也已經能夠確定化石中的物種生存的時期。

下面的表格提供了三種化石和現代馬的資訊。

動物名稱	始馬	中馬	草原古馬	真馬（現代馬）
生存的時期	5500萬–5000萬年前	3900萬–3100萬年前	1900萬–1100萬年前	200萬年前–現在
腿的骨骼（相同的比例）				

【問　題】1. 表格中的什麼資訊是現代馬從其他三種動物演化過來的最強有力的證據？

【評分標準】滿分：回答涉及以下內容：

・長時間中，馬腿骨骼結構逐漸變化。

・馬腿骨結構大部分相同，但有緩慢變化。

・在5500萬年至200萬年的時間裡，馬的足趾融合起來了。

・馬足趾的個數減少了。

零分：其他回答或沒有作答。

・腿改變了。

・基因突變導致了這些改變。（注釋：這種說法是對的，但是沒有回答問題）

・腿骨相似。（需要提到或暗示逐漸的變化）

【評量能力】運用科學證據的能力。

【問　題】2. 科學家可以從哪些方面進行研究，進而發現馬的進化歷程？

（對每個問題圈出「是」或「否」）

這種研究可以幫助發現馬在長時間內是如何進化的嗎？	是或否？
對比在不同時期生存的馬的總數	是 / 否
尋找屬於5000萬–4000萬年前，馬的祖先的骨骼	是 / 否

【評分標準】　滿分：依次為否、是。

零分：代碼0：其他回答。

代碼9：空白。

【問　　題】　3. 下面哪一種陳述最涉及進化論這一科學理論？

A.人們不相信這一理論，因為它不能讓我們看到這些種類的改變。

B.這種進化的理論對動物是可能的，但是不能應用於人類。

C.進化論是目前一種建立在廣泛的證據上的科學理論。

D.進化論是一種透過科學的實驗驗證的理論。

【評分標準】　滿分：代碼1：C.進化論是目前一種建立在廣泛的證據上的科學理論。

零分：其他答案或沒有作答。

【評量能力】　科學化地解釋現象的能力。

【問　　題】　4. 你對下面資訊的興趣如何？

（每行只勾選出一個方框）

	興趣很高	興趣中等	興趣很低	沒有興趣
想知道如何鑑別化石	□1	□2	□3	□4
想學習更多有關進化理論的發展的知識	□1	□2	□3	□4
想更多地瞭解現代馬的進化	□1	□2	□3	□4

科學樣題29　麵包

發麵的時候，麵包師將麵粉、水、鹽和酵母混合。混合後，將麵粉團放在一個容器中幾小時，使得發酵的過程得以完成。在發酵時，麵粉團裡發生了化學變化：酵母（單細胞真菌）幫助將麵粉中的澱粉和糖轉化成二氧化碳和酒精。

【問　　題】　1. 發酵使得麵粉團膨脹。為什麼麵粉團會膨脹？

A.因為產生了酒精，酒精變成了氣體。

B.因為單細胞的真菌在其中增殖。

C.因為產生了一種氣體——二氧化碳。

D.因為發酵使得水變成了蒸汽。

【評分標準】　滿分：C.因為產生了一種氣體——二氧化碳。

零分：其他答案或沒有作答。

【評量能力】　科學化地解釋現象的能力。

【問　　題】　2. 混合麵團幾小時後，麵包師稱量了麵粉團，觀察到它的重量減輕了。

下面四個實驗中，起初的麵粉團是等重的。哪兩個實驗能讓麵包師證明酵母是重量減輕的原因？

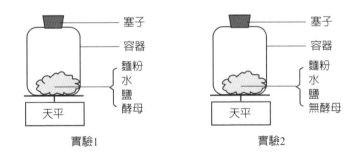

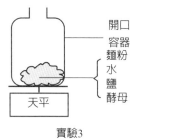
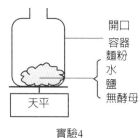

開口
容器
麵粉
水
鹽
酵母

天平

實驗3

開口
容器
麵粉
水
鹽
無酵母

天平

實驗4

A.麵包師應比較實驗1和2。

B.麵包師應比較實驗1和3。

C.麵包師應比較實驗2和4。

D.麵包師應比較實驗3和4。

【評分標準】　滿分：D.麵包師應比較實驗3和4。

零分：其他答案或沒有作答。

【評量能力】　識別科學問題的能力。

【問　　題】　3. 在麵粉團中，酵母幫助將麵粉中的澱粉和糖轉化成二氧化碳和酒精。二氧化碳和酒精中的碳原子從哪裡來？給下面可能的解釋畫上「是」或「否」。

這是碳原子來源的正確解釋嗎？	是或否？
一些碳原子來自糖	是 / 否
一些碳原子是鹽分子的一部分	是 / 否
一些碳原子來自水	是 / 否

【評分標準】　滿分：依次為是、否、否。

零分：其他答案或沒有作答。

【評量能力】　科學化地解釋現象的能力。

【問　　題】　4. 當發酵的麵粉團被放進微波爐烘烤時，麵粉團中的氣體和蒸汽膨脹。為什麼加熱時，氣體和蒸汽膨脹？

　　A.它們的分子變得更大。

　　B.它們的分子運動得更快。

　　C.它們的分子數量增加。

　　D.它們的分子碰撞頻率降低。

【評分標準】　滿分：B.它們的分子運動得更快。

　　　　　　　零分：其他答案或沒有作答。

【評量能力】　科學化地解釋現象的能力。

科學樣題30　金星凌日

　　2004年6月8日，地球上很多地方都可以看見金星運行經過太陽表面，這種現象叫做金星「凌日」。金星在其軌道上運轉，當其運轉到地球與太陽中間時，就會發生此現象。最近的兩次金星「凌日」分別發生於1882年和2012年。

　　右圖是2004年金星「凌日」的照片。一個望遠鏡正對著太陽，並把影像投射到一張白色的卡片上。

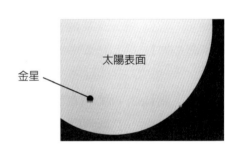

太陽表面

金星

【問　　題】　1. 為什麼要把「凌日」現象投射到白色卡片上，而不直接用眼睛通過望遠鏡來觀察？

　　　　　　　A.太陽光線太亮了，以至於看不見金星。

　　　　　　　B.太陽很大，不用放大也看得很清楚。

　　　　　　　C.透過望遠鏡觀察太陽，可能會傷害眼睛。

　　　　　　　D.投射到卡片上，可以把影像縮小一些。

【評分標準】　滿分：C.透過望遠鏡觀察太陽，可能會傷害眼睛。

　　　　　　　零分：其他答案或沒有作答。

【評量能力】　科學化地解釋現象的能力。

【問　　題】 2. 從地球上看，以下哪個行星可能在某個時候發生「凌日」現象？

A.水星　　　　B.火星　　　　C.木星　　　　D.土星

【評分標準】 滿分：A.水星。

零分：其他答案或沒有作答。

【評量能力】 科學化地解釋現象的能力。

【問　　題】 3. 下面這句話中，有些詞加了下畫線。

天文學家預測，如果從海王星上看，本世紀後期將會在太陽表面發生土星「凌日」現象。如果要從網際網路或者圖書館中搜索這次「凌日」現象發生的確切時間，上面這些帶下畫線的詞中，最有用的是哪三個？

【評分標準】 滿分：代碼1：答案只提到凌日／土星／海王星。

零分：其他答案或沒有作答。

【評量能力】 根據提供的主題標識科學研究資訊的關鍵字，是識別科學問題能力的組成部分。

科學樣題31　健康風險

想像一下，你居住在一家生產化肥的大型化工廠的附近。近年來有幾個案例表明，住在這些地區的人們長期蒙受呼吸困難之苦。許多地區的人們認為，這些症狀是由附近化肥廠散發的有毒氣體引起的。為此舉行了公眾會議，討論化工廠對當地居民健康威脅的可能性。科學家在會上作了下列陳述：

在化學製品公司工作的科學家聲明：「我們對當地土壤的毒性作了一項研究，我們採集的樣品中，沒有找到有毒化學藥品證據。」

關心社區市民工作的科學家聲明：「我們看到，在當地引起長期呼吸困難的案例數目，靠近化學製品廠的地區要多於遠離化學製品廠的地區。」

【問　　題】 1. 化學製品廠的業主使用了為化學製品公司工作的科學家的聲明來辯論：「從工廠排放的煙氣對當地居民沒有健康的風險。」請提出一個理由，有別於為市民辯護的科學家的聲明，來質疑為公司業主辯護的科學家的聲明。

【評分標準】 滿分：提出的適當理由，應是質疑支持業主聲明的論證。譬如：

・引起呼吸困難的物質不能確認為有毒。

・引起呼吸困難的化學物質，可能在空氣中，而不在土壤中。

・有毒物質會分解，隨著時間推移，變為土壤中的無毒物質。

・我們不知道該地區的樣本是否具有代表性。

・因為公司支付工資給科學家。

・科學家擔心失業。

零分：其他答案或沒有回答。

【評量能力】 運用科學證據的能力。

【問　　題】 2. 關心社區市民工作的科學家，比較了靠近化學製品廠與遠離該工廠地區的人們，長期呼吸困難的資料。

描述一種可能的差異，使你認為對兩個地區的這種比較是沒有價值的。

【評分標準】 滿分：回答應盡可能集中在該地區調查結果的相關性差異對比。譬如：

・兩個地區的人數可能不同。

・一個地區的醫療服務可能比另一個更好。

・每個地區的中老年人口比例可能不同。

・可能在另一個地區有其他空氣汙染物。

零分：其他答案或沒有回答。

【評量能力】 識別科學問題的能力。

【問　　題】 3. 下列敘述，你贊同的程度多大？（態度）

（每項中選出一個方框）

	非常贊同	贊同	不贊同	非常不贊同
知道更多關於農業化肥構成的知識	☐1	☐2	☐3	☐4
懂得有毒煙氣排放到大氣中，將發生的情況	☐1	☐2	☐3	☐4
學習有關化學物質排放，引起的呼吸系統疾病	☐1	☐2	☐3	☐4

科學樣題32　催化式排氣淨化器

為了降低汽車排放的廢氣對人類和環境的危害，現代的大部分汽車都安裝了催化式排氣淨化器。

大約90%的有害氣體可以通過催化式排氣淨化器轉化為危害較輕的氣體而排出。下圖列舉的是淨化器轉化前後的幾種氣體。

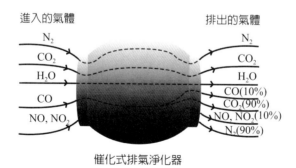

催化式排氣淨化器

【問　　題】 1. 根據上圖所提供的資訊，舉一個例子說明催化式排氣淨化器是如何降低汽車廢氣的危害。

【評分標準】 滿分：代碼1：

· 一氧化碳或者氮氧化合物被轉化為其他化合物。

· 一氧化碳被轉化為二氧化碳。

‧一氧化氮和二氧化氮被轉化為氮氣。

‧它把有害氣體轉化為無害氣體，如CO轉化為CO_2（90%）。

‧二氧化碳、氮氣比一氧化碳和氮氧化合物的危害性低。

零分：代碼0：其他回答。如：

‧氣體的危害性減小了。

‧它淨化了一氧化碳和氮氧化合物。

代碼9：沒有作答。

【評量能力】 運用科學證據的能力。

【問　　題】 2. 氣體在催化式排氣淨化器裡面發生了變化。請解釋裡面的原子和分子發生了哪些變化。

【評分標準】 滿分：代碼2：能運用下面兩個內容來表達氣體原子發生重新排列而形成不同分子這一本質觀點來解釋。

‧分子發生分裂，原子重新組合形成新的分子。

‧原子重新排列形成新的分子。

部分得分：

代碼1：有重新組合的觀點，但沒有同時提及原子和分子，或者不能很好地區分原子和分子在這個變化過程裡所扮演的角色。

‧原子重新組合形成新的物質。

‧分子發生變化形成其他的分子。

‧分子和原子通過組合和分離這兩種方式，來減輕氣體的危害性。（注：原子和分子的不同角色區分得不夠清楚）

‧$2NO_2 = N_2 + 2O_2$

零分：代碼0：其他回答，包括類似於下面列舉的幾種回答：

‧二氧化碳被轉換成了一氧化碳。

・分子被分裂成了更小的原子。

代碼9：沒有作答。

【評量能力】　科學化地解釋現象的能力。

【問　　題】　3. 調查催化式排氣淨化器排出的氣體。為了使汽車廢氣的危害性更小，研究催化式排氣淨化器的工程師和科學家還要注意哪些問題？

【評分標準】　滿分：代碼1：以減少危害氣體進入大氣為目的的合理的回答。

・並不是所有的一氧化碳都轉化成了二氧化碳。

・氮氧化合物轉化為氮氣的反應不是很完全。

・提高一氧化碳轉化為二氧化碳、氮氧化合物轉化為氮氣的比例。

・產生的二氧化碳氣體應該蒐集起來，而不是直接排到大氣中。

零分：代碼0：其他回答。

・應該使更多的有毒氣體轉化為危害性小的氣體。（注：至少要提到一種有毒汽車廢氣）

・他們應該嘗試使更少的氣體排出。

・他們應該尋找一種使有毒的汽車廢氣得到重新使用的方法。

・他們應該嘗試製造一種使用其他液體燃料的交通工具。

代碼9：沒有作答。

【評量能力】　運用科學證據的能力。

【問　　題】　4. 下列敘述，你贊同的程度多大？（態度）

（每項中選出一個方框）

	非常贊同	贊同	不贊同	非常不贊同
知道汽車燃料與它們所排放的所有有毒氣體之間的不同	☐1	☐2	☐3	☐4
理解更多發生在催化式排氣淨化器裡面的事情	☐1	☐2	☐3	☐4
學習不排放有毒氣體的交通工具的相關知識	☐1	☐2	☐3	☐4

科學樣題33　外科手術

外科手術必須依賴一些專門的手術設備，它對一些疾病的治療是很有用的。

【問　題】 1. 在進行手術的時候，通常要對病人使用麻醉劑，以使他們感覺不到痛。麻醉劑通常是以氣體的形式透過蓋著鼻子和嘴巴的面罩來傳輸給病人。

下面的幾個人體系統，哪些參與了麻醉劑氣體的傳輸？請在每個系統的「是」或者「否」上打圓圈。

該系統是否參與了麻醉劑氣體的傳輸？	是或否？
消化系統	是 / 否
神經系統	是 / 否
呼吸系統	是 / 否

【評分標準】　滿分：答案依次為：否、是、是。

　　　　　　　零分：其他回答或沒有作答。

【評量能力】　科學化地解釋現象的能力。

【問　　題】　2. 手術所用到的外科手術器材，為什麼都必須經過殺菌處理？

【評分標準】　滿分：學生要提到保證儀器無菌和阻止疾病傳播兩個方面。譬如：

　　　　　　　·為了保證醫療器材沒有細菌，這是為了阻止疾病的傳播。

　　　　　　　·為了阻止細菌進入病人的身體和傳染給病人。

　　　　　　　·為了防止細菌進入另一個要動手術的人的身體。

　　　　　　　部分得分：

　　　　　　　·學生提到是為了保證醫療器材沒有細菌，但沒有提到為了阻止疾病的傳播。

　　　　　　　·為了殺死醫療器材上的細菌。

　　　　　　　·學生提到為了阻止疾病的傳播，但沒有提到為了殺死醫療器材上的細菌。

　　　　　　　·這樣病人就不會被感染。

　　　　　　　·為了防止疾病的傳播。

　　　　　　　零分：其他回答或沒有作答。

　　　　　　　·為了保持它們的乾淨。

　　　　　　　·因為病人在動手術的時候，容易被攻擊。

【評量能力】　科學化地解釋現象。

【問　　題】　3. 病人動完手術後還不能吃喝，所以他們必須依靠包含水分、糖分和鹽的點滴來維持生命。有時候點滴內也會加入抗生素和鎮靜劑。為什麼點滴中的糖分對於手術後的病人很重要？

A.為了防止脫水。

B.為了減輕手術後的痛苦。

C.為了治療手術後的感染。

D.為了補充必需的營養。

【評分標準】　滿分：D.為了補充必需的營養。

零分：其他回答或沒有作答。

【評量能力】　科學化地解釋現象的能力。

【問　　題】　4. 器官移植手術正變得愈來愈平常。下面的圖表是由一家
醫院提供的，它表現了2003年該醫院所移植的器官和數
量。

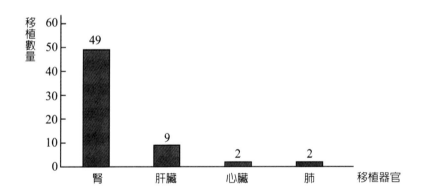

下面的結論是否可以從上面的圖表中得出？請在每個結論的「是」或
者「否」上打圓圈。

這個結論是否可以從上面的圖表中得出？	是或否？
如果肺被移植了，那麼心臟也要跟著被移植	是 / 否
腎是人體最重要的器官	是 / 否
大部分被移植器官的病人都患有腎臟病	是 / 否

【評分標準】　滿分：回答依次為：否、否、是。

零分：其他回答或沒有作答。

【評量能力】　使用科學證據的能力。

【問　　題】　5. 下列敘述，你贊同的程度多大？（態度）
　　　　　　　　（每項中選出一個方框）

	非常贊同	贊同	不贊同	非常不贊同
瞭解怎樣對醫療器械進行消毒	□1	□2	□3	□4
知道經常使用的麻醉劑的品種	□1	□2	□3	□4
瞭解病人在手術過程中，還有多少意識	□1	□2	□3	□4

科學樣題34　風力發電廠

很多人認為，風力應該作為一種取代石油和煤炭的能源來發電。下圖中的設備是一些風車，它們的槳葉會在風力的驅動下旋轉。風車槳葉的轉動會帶動發電機開始運轉，進而產生電能。

風力發電廠

【問　　題】　1. 下面的曲線圖表示四個地點的平均風速在一年中的變化情況。哪個曲線圖表示的地點，最適合建設風力發電廠？

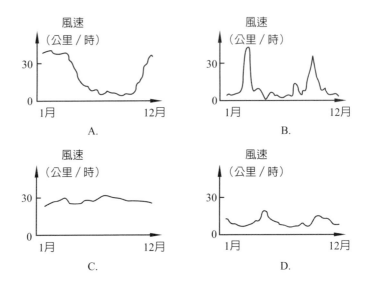

【問　　題】　2. 風力愈強，風車槳葉轉動就愈快，輸出的電能就愈多。
　　　　　　儘管如此，實際上風速與發電量並不成正比。以下是某
　　　　　　風力發電廠中，發電機的四種工作狀況：
　　　　　　當風速達到v_1時，風車的槳葉開始轉動；
　　　　　　當風速達到v_2時，風車發電量達到最大值；
　　　　　　為安全起見，風車槳葉的最大轉速禁止超過風速為v_2時的
　　　　　　轉速；
　　　　　　當風速達到v_3時，風車槳葉停止轉動。
　　　　　　以下哪個曲線圖能最好地表達在這些工作狀況下，風速
　　　　　　與發電量之間的關係？

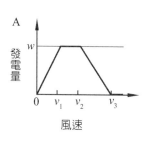
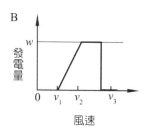

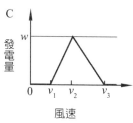
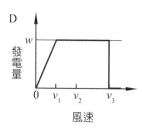

【評分標準】 滿分：B。

零分：其他選項或沒有作答。

【評量能力】 使用科學證據的能力。

【問　　題】 3. 在同樣的風速條件下，海拔愈高的地方，風車轉動的速度愈慢。能最好地解釋這種現象的是以下哪個選項？

A.當海拔升高時，空氣的密度減小。

B.當海拔升高時，氣溫降低。

C.當海拔升高時，地心引力變小。

D.當海拔升高時，降雨更多。

【評分標準】 滿分：A.當海拔升高時，空氣的密度減小。

零分：其他回答或沒有作答。

【評量能力】 科學化地解釋現象的能力。

【問　　題】 4. 使用風力發電與使用化石燃料（如煤炭、石油等）發電相比，有哪些具體的優點與缺點？請分別寫出一個。

一個優點：＿＿＿＿＿＿＿＿＿＿＿。

一個缺點：＿＿＿＿＿＿＿＿＿＿＿。

【評分標準】　滿分：描述了一個具體的優點和具體的缺點。

評分說明：風力發電廠的成本可能是一個優點，也可能是一個缺點，這取決於從哪一個角度來考慮（例如，是建造成本還是運行成本）。因此，提到有關「成本」的詞，若沒有進一步說明，不能作為其描述了一個優點或缺點而得分的依據。

優點：

・不排放二氧化碳。

・不消耗化石燃料。

・風力資源用之不竭。

・風力發電機建好之後，發電成本低廉。

・沒有廢物和有毒物質排放。

・使用的是自然力或者清潔能源。

・綠色環保，並且可以持續很長時間。

缺點：

・不能按時發電（因為風速無法控制）。

・並非所有的地方都適合使用風力發電。

・風力過強時，風車可能會被損壞。

・每一座風車所產生的電量相對很少。

・有時候會產生雜訊汙染。

・有時鳥會衝進風車的槳葉而致命。

・改變了自然景色（視覺汙染）。

・建造成本高。

部分得分：只正確描述了一個優點或者一個缺點，而沒有把兩者都描述出來。

零分：沒有正確描述出優缺點或沒有作答。以下幾例不能算作正確地描述了優點或缺點：

・對環境或者自然很好。（這個回答只是概括性的價值表述）

‧對環境或自然不利。

‧與建造火力發電廠相比，建造風力發電機造價低廉。
（這個回答忽視了一個事實：要產生與一個火力發電廠
相同的電能，需要建造大量的風力發電機）

‧不會花那麼多錢。

【評量能力】 科學化地解釋現象的能力。

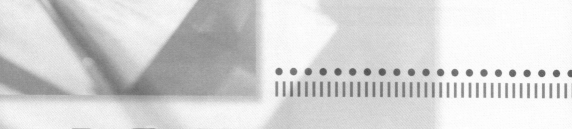

■第五章■

PISA 對問題解決能力的 評量

第一節　問題解決的涵義

　　PISA認為，「問題解決是個體運用認知過程來面對和解決真實的、跨學科情境問題的能力，在這一情境中，問題解決的路徑不是顯而易見的，並且個體可能應用的素養範圍或課程領域也不在單一的數學、科學或閱讀的範圍中。」這樣，問題解決能力不同於單一學科領域的能力，它強調在真實情境中，運用跨學科知識的能力，因此，問題解決能力的評量中設計了較少的文字閱讀、算術運算以及科學背景知識的內容，以免與閱讀素養、數學素養和科學素養的評量相重複。

　　為了對這一概念的內涵有深層次的理解，我們必須剖析以下三個關鍵字：

　　1.認知過程：指問題解決行為各個組成部分的思維過程。包括理解、

概念、表徵、問題解決、反思、交往等方面的應用。

2.跨學科：不是指傳統意義上的分門別類的單一學科，而是指綜合學科，或者學習領域。

3.真實性：問題解決強調真實世界的問題，這些問題的解決需要個體運用所學知識與策略，體現一種知識遷移，以及知識運用的靈活性，學生能夠作出適合他們自己的決定並與他人進行交流。

PISA擴大了對學生問題解決能力的評量範圍，超越了傳統課程領域的界限，將問題解決延伸到現實生活情境。PISA的問題解決能力側重的是評量學生解決現實生活中的問題的能力，側重個體能夠靈活運用自己所學的各科知識和策略來解決問題。

第二節　問題解決的評量框架

為了達到PISA總體評估標準，問題解決的核心框架由真實的生活（問題類型、問題情境、學科知識）、問題設計和解決方法（問題解決過程、推理能力）三個部分構成，如圖5-1所示。

一、真實生活

真實生活包括問題類型、問題情境和學科知識幾個方面。

1. 問題類型

(1)決策制定要求學生理解包含許多可供選擇的情境，並作出正確的決定。學生需要作出選擇的難度，隨著問題難度的增加而增加，當作出決定的複雜程度很高時，外在的表徵需要十分詳細。

(2)系統分析與設計在分析複雜情境時，為了得到其對問題的邏輯理解而要求學生設計一個取得某一目標的系統，釐清關於問題情境的特點之間的關係。在那種情境中，學生必須能夠分析複雜情境與決定界定系統的互相關係，解決方法的評估，判斷與交流能力應該被整合成整個系統分析與設計過程。隨著問題情境難度的增加，分析與設計的難度也相對增加。

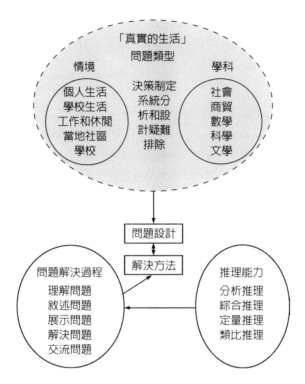

圖5-1　問題解決框架的關鍵要素示意圖

　　(3)疑難排除這項技能，要求學生理解一個系統的主要特點，對一個系統的運行機制進行診斷。它與前面提到的兩種要求有很大的區別：它既不是在固定的選項中選擇最佳答案，也不是按照既定的要求設計一個系統，而是要求學生對隨機出現的問題邏輯的理解。例如：物理系統的工作原理。儘管在結構上有很大的不同，解決難題意味著懂得機器設備的基本運行原理，機器出現故障時，能夠迅速找出問題所在，並運用所學知識對問題加以診斷，提出假設，進而找到解決問題的方法並對解決方案進行檢測。在該項目技能中，對問題的表徵是十分重要的，因為這需要學生進行知識結構的整合。

　　這三個方面涵蓋了問題解決的領域，其特點如表5-1所示。不包含諸如個人之間的問題解決與有爭議性的文本分析。

表5-1　三類問題解決的特點

	決策制定	系統分析與設計	疑難排除
目標	在有限制條件的情況下從眾多個備選的解決方案中進行選擇	找出一個系統中不同部分之間的相互關係,並(或)設計一個系統來表述不同部分間的關係	診斷並糾正錯誤的或有故障的系統或機制
涉及的過程	理解有多種備選方案和限制條件的情境以及一個特定的任務	理解那些描述一個規定系統的資訊和特定任務相關的要求	理解一個系統或機制的主要特點和它的故障,以及一個特定任務的要求
	找出相關的限制條件	找出這個系統的相關部分	鑑別出有因果關係的變量
	展示可能的備選方案	展現這個系統中不同部分間的相互關係	展示這個系統的運轉機制
	在眾多的備選方案中作出選擇	分析或設計一個能抓住不同部分間關係的系統	診斷這個系統的故障,並(或)提出一個解決方案
	檢查並評估這個方案	檢查或評估這個系統的分析或設計	檢查並評估這個解決方案
	表述或解釋這個決定的正確性	交流這個分析或解釋這個設計的正確性	交流這個診斷與解決方案或解釋其正確性
可能造成複雜性的因素	限制條件的數量	相互關聯的變量的數量和相互關係的性質	系統或機制中相互關聯的各個部分的數量以及這些部分相互作用的方式
	用到的表現形式的數量和類型(文字的、圖片的、數字的)	用到的表現形式的數量和類型(文字的、圖片的、數字的)	用到的表現形式的數量和類型(文字的、圖片的、數字的)

2. 問題情境

指能夠與學生真實世界的經驗建立連結的設計良好的虛擬情境,具有一定的真實性,但是背景的選擇需要與學生課堂保持一定的距離。具體來說,問題情境的設計需要包含個體生活、學校生活、工作與休閒、社區與社會,從個體空間提升到公共意識。

3. 學科知識參與

PISA所體現的問題解決的範圍包含學習的科目，比如：數學、科學、文學、社會研究、科技與商業，在解決問題的過程中培養數學、科學、閱讀素養，問題的解決所需要的知識技能並不一定全部包含在內，儘量避免重複。

二、問題設計

以現實生活為背景，以學科知識為核心，設計各種不同類型的問題，作為問題解決的專案。

三、解決方法

問題解決方法不僅關注問題解決者的知識背景，而且包括他們的推理能力和問題解決過程。

1. 問題解決過程

設計問題解決框架需要學生列出問題的解決過程。這項任務並不容易，因為每個人解決問題的方法多元，很難歸納出標準的型式。認知心理學家提出的問題解決過程，是以對三種問題類型的認知分析為基礎的，其問題解決模型包括諸多過程，是測試學生行動和進行問題解決評量的基礎結構。但是，不能假定這些過程有級別之分，或者認為在解決任何問題時都要經歷這些過程。例如，當個人以即時動態的方式來面對、建構、表述和解決問題時，他們會超越現有狹隘的線性問題解決方式。具體過程如下：

(1)理解問題：包括學生如何理解文本並得出推論，連結各種資源的資訊，理解相關概念，使用背景知識資訊以理解給定的資訊。

(2)描述問題：包括如何識別問題變數，對相關變數和非相關變數作出判斷；建構假說，檢索、組織、考慮和嚴格評量情境資訊。

(3)展示問題：包括學生如何建構表格、圖畫、符號或口頭表述形式，如何運用所給的外部表徵來解決問題，以及如何切換表述形式。

(4)解決問題：包括決策制定（在決策制定問題類型中），分析系統或設計系統來實現特定目標（在系統分析和設計問題類型中），診斷和提出解決方法（在疑難排除問題類型中）。

(5)交流解決方案：包括學生如何測試解決方法，尋找新資訊；從不同視角來評量解決方法以重構解決方案並使其更易被接受；判斷解決方法；找到合適的詞語來向外界表達和交流解決方法。

2. 推理能力

在問題情境的理解過程之中，問題解決者也許需要在事實與意見之間做一區分，在方法編程中，問題解決者需要辨別變數之間的關係；在選擇策略中，問題解決者需要考慮原因與結果；在結果交流過程中，問題解決者需要按照邏輯順序組織資訊。所有這些活動都要求問題解決者具備一定的分析推理、定量推理、類比推理以及綜合推理能力。這些技能構成問題解決的核心能力。

因此，問題解決的行為是許多不同認知過程的混合。這些認知過程是無法從以往經驗中直接找到的，而是體現知識間的靈活運用。問題解決能力也可以比喻成學生在一定範圍的任務與情境中，發揮自己創造力的過程。

第三節　問題解決能力的評量標準

一、題型

用於評量的試題類型包括：短句封閉式測試題（short closed response items）、短句開放式測試題（short open constructed response items）、長句開放式測試題（long open constructed response items）以及多項選擇測試題（multiple choice items）。每種測試題的類型具體描述如下：

1. 多重選擇測試題

多重選擇適合快速和低成本地判斷學生是否已掌握特定的技能、知識或資訊蒐集能力。設計良好的測試題，可以測量學生的知識和理解力及學

生的選擇策略。

PISA問題解決評量的多重選擇測試題應該：

(1)不是透過簡單地插入數值，估計數量或比較圖形尺寸；

(2)干擾選項的設計不是有意誤導學生選擇錯誤答案，而是考查學生在特定情境下的應對方式，每個干擾選項應能反映學生的思維過程；

(3)當測試題中要求學生繪製圖表時，該題將會比較困難而費時。

2. 短句開放式測試題

短句開放式建構測試題旨在考查學生對測試題的理解，要求學生得出數字結果、正確的名稱，為目標分類，為既有的概念舉例等簡短的答案。

PISA問題解決評估中的簡短開放式建構測試題應該：

(1)在注重考查學生對問題如何回答的情況下使用；

(2)可以考查學生對所提問題的理解程度；

(3)清楚地瞭解學生如何作出回答；

(4)可以把答案鎖定在較小的範圍中，以便較準確而快速地得到答案。

3. 長句開放式測試題

長句開放式建構測試題，要求學生在特定情境下，不能給予數字答案或短句口頭回答。這種考查方式要求學生認真考慮跨學科情境；理解問題解決的方法；制定應對方案；執行應對方案；從既定情境的角度來解釋問題解決方案。長句開放式建構測試題要求學生給出更加完整的行為步驟，或表明學生在解決問題時，進行了較複雜的思維活動。這種考查方式還期望學生能清楚地交流他們在問題情境中的決策過程（例如，透過文字、圖片、圖表或步驟來介紹決策過程）。

PISA問題解決評量中的長句開放式建構測試題應該：

(1)要求學生展示整體資訊或概念以及問題解決的方式；

(2)從多個角度進行理解，要求學生在回答問題時，將這些角度聯繫起來；

(3)在需要分多個步驟來解決問題、同時出現多種不同要素的情況下使用；

(4)要求學生解釋或判斷問題解決的行為；

(5)寫明問題解決辦法，以確保記分員能有效而可靠地評分。

4. 問題組與單元

為了讓學生深入地接觸問題（也許會與中學生的答題動機有矛盾），問題解決評估中大多數測試題是按照主題或情境來分組設計。因此測試題組一般包括三個以上測試題，常有不同題型，但都針對課程概念或情境等同一主題進行測試。當多個測試題都是對問題背後的課程概念進行測試時，我們稱這組測試題為垂直主題組，並按從易到難的順序，設置主題組中的題目。這樣的測試題組可以深入研究學生對特定領域的理解程度。而當多個測試題是對情境進行測試時，我們稱這組測試題為水準主題組。水準測試組可以用來測試學生對跨學科共同概念的不同表述的理解程度。無論是哪種測試，測試題組都要有一定的獨立性。

二、評分

問題解決能力評估包括兩個30分鐘的問題組，三種問題類型（作出決定、系統分析與設計、瞄準問題）的比例為2：2：1。每個問題組分成4-5個單元，其中多項選擇題、封閉性建構題占的比例為50%，開放性建構題占50%，每個單元至少有一個單元要求學生提出解決策略或者評估方法，問題資訊體現變化與靈活性。單元內容表達清晰，盡可能避免學生對此產生迷惑。

1. 合作性問題解決模式

單一的任務解決只能測試個體解決問題的能力，如果把多個學生放在同一小組裡面共同合作解決一項任務，同時注重個體學生在團體合作中所扮演的角色。當然以這種模式而設計的評估模式所要解決的問題，不僅僅是單一的知識問題，可以擴展到地區與地區、國家與國家之間的更為廣闊的社會文化問題。

這次評估對於所有參與國（地區）都是適用的，這意味著儘管被評估學生所學的課程不同，但是所設計的測試專案都是在學生的理解範圍之內，設計專案形式多樣化，如圖像、表格、圖畫。在設計過程中應該盡可

能保持客觀性，科技方面、閱讀難度很高、必須具有特殊個人經驗的題目應該避免。

2. 電腦傳遞評估模式

在動態的社會情境下，學生對國際重大問題的普遍興趣將需要以電腦為紐帶的評估模式，這種評估模式將更豐富地展現學生的問題解決能力，也可以對學生在較為複雜的社會背景下，不是透過單一的紙筆測驗評估方式所體現的問題解決能力，因此，這兩種評估模式將成為未來的選擇。

問題解決技能評估的重點不是放在學生運算能力表現方面，所有被測學生在評估過程中，應該允許使用計算器，是否使用計算器應該根據學生的個體差異以及問題本身的性質來決定。單獨考查學生計算能力的題目，是不應該出現的。

三、評量標準

在問題解決總體框架中建立整體性評量標準，以評量學生對測試題的回答（如表5-2所示）。這樣的標準可以使學生行為認知達到下列程度：1.理解既定資訊；2.識別關鍵特徵及其相互關係；3.建構或運用外部表徵；4.問題解決；5.評量、判斷和交流問題的解決方法。

表5-2 問題解決能力的等級程度表

程度	問題解決能力
4	學生能夠完全正確地理解問題，問題解決方法也是清晰、恰當的，並進行了充分展開。回答邏輯正確，書寫清楚，沒有錯誤。例子選擇合適，對其進行了充分展開
3	學生的行為表明了其對問題理解較清晰，也有可接受的問題解決方法，但是在展開回答時有些小錯誤。也有舉例，但是沒有對其充分展開
2	學生的行為反映其理解了問題中的概念，問題解決方法和表述方式有邏輯性。但是，整體而言，回答並沒有充分展開。推理中會存在嚴重邏輯錯誤或缺點，回答中只有部分正確合理。所舉的例子不正確或不恰當
1	學生行為表明其對所提問題理解較少，而且沒有提出可行的問題解決方法。少量的正確行為有邏輯性，回答不完整，推理中有嚴重錯誤或嚴重缺點。這個層次的問題回答沒有舉例
0	回答完全不正確或不相關。在該層次中，要麼是不正確、不相關的回答，要麼是空白，反映測試時間不充分或思路不對

最低的級別是零分級別。不是每個測試題都有上述五個層次。但是整個問題解決測試中，學生的表現會有不同的層次。

二、評量結果

評量結果應該給政策制定者、行政人員、教師、父母與學生提供學生問題解決能力的清晰的描述，評估報告的設計主要包括以下幾個方面：

1.評量尺度體現靈活性，應根據不同的情境，對學生的問題解決能力作客觀的測量。

2.依據題目類型、情境與其他設計特點，來討論題目的適應度，比較學生的能力差異。

3.記錄學生在問題解決能力上的表現與在其他領域的表現的評估結果資料，並進行比較。

4.報告應該反映學生的性別差異。

國際學生評量專案中，關於問題解決技能的界定與評量，表達了人們對於學生實踐能力形成與發展的理解與關注，對學校教育走向生活、實現為未來社會服務提供了重要的思路。

第四節 問題解決能力測試樣卷及分析

問題解決樣題1 看電影

Issaac，15歲，想和他的兩個朋友一起去看電影，這兩個朋友與他同齡，他們有一周的假期。假期時間：3月24日（星期六）至4月1日（星期天）。Issaac向兩個朋友詢問看電影的合適日期和外出時間。以下是他獲得的資訊：

Fred：我星期一必須待在家裡，星期三下午2:30-3:30練習音樂。

Stanley：我星期天必須去看我的外婆，我已經看過《百變精靈》，不想再看一遍。

Issaac的父母堅持認為他們只能去看適合他們年齡的電影，不能自己

走回家。晚上10點之前的任何時間可以來接他們。

　　Issaac核對了電影的放映時間，這是他們獲得的資訊：

TIVOLI戲院			
訂票電話：2603 5336 24小時查詢電話：2603 5555 逢星期二票價優惠：所有電影每場$40			
未來兩星期上映的電影（由3月23日星期五開始起計）			
電腦神童 片長113分鐘 14：00（星期一至五） 21：35（星期六／日）	適合12歲及以上孩子觀看	百變精靈 片長105分鐘 13：40（每天） 16：35（每天）	家長指引類別，適合所有人士觀看，但部分鏡頭不適合幼兒觀看
怪獸森林 片長164分鐘 19：55（星期六／日）	適合18歲及以上的人士觀看	小小特攻隊 片長144分鐘 15：00（星期一至五） 18：00（星期六／日）	適合12歲及以上人士觀看
食肉獸 片長148分鐘 18：30（每天）	適合18歲及以上的人士觀看	森林之王 片長118分鐘 14：35（星期一至五） 18：50（星期六／日）	適合所有年齡的人觀看

【問　　題】　1. 根據Issaac獲得的電影放映資訊以及他詢問同學獲得的資訊，在六部電影中，Issaac和他的兩個朋友可以觀看哪些電影？

【問　　題】　2. 如果三個孩子決定去看《電腦神童》這部電影，哪個時間合適？

【問題類型】　決策制定

【生活情景】　工作和休閒

【問題解決過程】　理解給定資訊，識別關鍵特徵及其相互關係，解決問題

【推理能力】　分析推理

問題解決樣題2　夏令營宿營

　　Eedish社區服務部正在組織一個5天的兒童夏令營。有46個孩子（26個女孩，20個男孩）簽約，8個成人（4男4女）自願參加並組織這次夏令營。

表1　參與宿營的成人

姓名	性別
Mrs Madison	女
Mrs Carroll	女
Ms Grace	女
Ms Kelly	女
Mr Stevens	男
Mr Neill	男
Mr Williams	男
Mr Peters	男

表2　宿舍情況

名稱	床位數
紅色	12
藍色	8
綠色	8
紫色	8
橙色	8
黃色	6
白色	6

宿舍守則：

1.男孩和女孩必須住在不同的宿舍。

2.每間宿舍至少要有一個成年人。

3.成年人必須和相同性別的孩子住在一起。

【問　　題】 按照宿舍守則，如何將46個孩子和8個成人分配在合適的宿舍裡？

【問題類型】 系統分析和設計

【生活情景】 工作和休閒

【問題解決過程】 理解所給的資訊，識別關鍵特徵及其相互關係，建構或運用外部表徵，解決問題

【推理能力】 分析推理、定量推理

問題解決樣題3　灌溉

　　下圖是一個管道灌溉系統（閘門和河道）示意圖，用以把水送到田地的不同部分。水閘A至H可以被打開或關上，以便讓水流到需要灌溉的地方。當水閘門關上時，水就無法流過。

灌溉通路系統

【問　　題】 1. 小強用表1的設定去測試水閘的情況。

表1　水閘的開關設定

A	B	C	D	E	F	G	H
打開	關閉	打開	打開	關閉	打開	關閉	打開

　　請按表1的開關設定，在圖中畫出所有可能的水流路線。假定所有水閘都能根據設定正常工作。

　　第一個問題測試了學生是否理解這個問題以及灌溉系統中的閥門是如何運作的。第1級水準的學生通常能正確作答，因為這個任務只要求學生設置一下閥門，然後檢查

這個系統是否有水能流通的路徑。學生只需把表格中的資料一對一地轉化成示意圖中的形式，然後追根溯源地看一下，從注入點是否有一個路徑可以通往出口，就可以了。

【問　　題】　2. 小強發現，按表1安排設定水閘的開關後，並沒有水流出系統。這表示至少有一個水閘閉塞了。在下列情況下，水會不會流出系統？

情況	水流不流出系統？圈出你的選擇
水閘A閉塞了，其他水閘按表1設定正常工作	水會流出系統 / 水不會流出系統
水閘D閉塞了，其他水閘按表1設定正常工作	水會流出系統 / 水不會流出系統
水閘F閉塞了，其他水閘按表1設定正常工作	水會流出系統 / 水不會流出系統

第二個問題對應的是第2級能力水準。因此當管道系統中的閥門按照第一個問題中的設置工作時，學生不得不去理解並排除機制中的故障，並在水不流經這個系統時，找出潛在的問題。這需要學生運用演繹推理和綜合推理才能找到解決方案。

【問　　題】　3. 小強想找出測試水閘D是否閉塞的方法。
試在下表中設計一套水閘開關設定，用來測試以下情況：當水閘D設定為打開時，它是否閉塞？
水閘開關的設定（在空格處填寫「打開」或「關閉」）。

A	B	C	D	E	F	G	H

第三個問題也是一個第2級水準的問題，因為題目要求學

生發展出一種設計方案，以測定閥門D是否堵塞。因此，學生必須明白整個灌溉系統水流進與流出的情況，才能對閥門的工作狀態有正確的設計，進一步作出正確解答。

【問題類型】　疑難排除

【生活情景】　當地社區

【問題解決過程】　全部五項能力

【推理能力】　分析推理、批判性思維

PISA 測試結果與啟示

第六章

第一節　PISA 2009測試結果成績序列

一、成績總分序列

　　PISA測試的各科成績都將在經合組織網站以特定的序列公布。現截取PISA 2009結果中，閱讀、數學和科學總體平均分前30名，列表如下：

表6-1　PISA 2009結果（各科總分前30名）

閱　讀			數　學			科　學		
國家／地區	平均分	標準差	國家／地區	平均分	標準差	國家／地區	平均分	標準差
OECD平均	493		OECD平均	496		OECD平均	501	
上海	556	2.4	上海	600	2.8	上海	575	2.3
韓國	539	3.5	新加坡	562	1.4	芬蘭	554	2.3

（續上表）

閱　讀			數　學			科　學		
國家／地區	平均分	標準差	國家／地區	平均分	標準差	國家／地區	平均分	標準差
芬蘭	536	2.3	香港	555	2.7	香港	549	2.8
香港	533	2.1	韓國	546	4.0	新加坡	542	1.4
新加坡	526	1.1	臺灣	543	3.4	日本	539	3.4
加拿大	524	1.5	芬蘭	541	2.2	韓國	538	3.4
紐西蘭	521	2.4	列支敦士登	536	4.1	紐西蘭	532	2.6
日本	520	3.5	瑞士	534	3.3	加拿大	529	1.6
澳洲	515	2.3	日本	529	3.3	愛沙尼亞	528	2.7
荷蘭	508	5.1	加拿大	527	1.6	澳洲	527	2.5
比利時	506	2.3	荷蘭	526	4.7	荷蘭	522	5.4
挪威	503	2.6	澳門	525	0.9	列支敦士登	520	3.4
愛沙尼亞	501	2.6	紐西蘭	519	2.3	德國	520	2.8
瑞士	501	2.4	比利時	515	2.3	臺灣	520	2.6
波蘭	500	2.6	澳洲	514	2.5	瑞士	517	2.8
冰島	500	1.4	德國	513	2.9	英國	514	2.5
美國	500	3.7	愛沙尼亞	512	2.6	斯洛維尼亞	512	1.1
列支敦士登	499	2.8	冰島	507	1.4	澳門	511	1.0
瑞典	497	2.9	丹麥	503	2.6	波蘭	508	2.4
德國	497	2.7	斯洛維尼亞	501	1.2	愛爾蘭	508	3.3
愛爾蘭	496	3.0	挪威	498	2.4	比利時	507	2.5
法國	496	3.4	法國	497	3.1	匈牙利	503	3.1
臺灣	495	2.6	斯洛伐克	497	3.1	美國	502	3.6
丹麥	495	2.1	奧地利	496	2.7	挪威	500	2.6
英國	494	2.3	波蘭	495	2.8	捷克	500	3.0
匈牙利	494	3.2	瑞典	494	2.9	丹麥	499	2.5
葡萄牙	489	3.1	捷克	493	2.8	法國	498	3.6
澳門	487	0.9	英國	492	2.4	冰島	496	1.4
義大利	486	1.6	匈牙利	490	3.5	瑞典	495	2.7
拉脫維亞	484	3.0	美國	487	3.6	拉脫維亞	494	3.1

二、歷屆閱讀成績比較

在歷屆PISA測試中，上海及香港、澳門和臺灣閱讀素養成績整體平均分數和名次如下：

表6-2　部分國家或地區閱讀成績

國家／地區	PISA 2009 名次（分數）	PISA 2006 名次（分數）	PISA 2002 名次（分數）	PISA 2000 名次（分數）
上海	1(556)	—	—	—
香港	4(533)	3(536)	10(510)	6(525)
臺灣	23(495)	16(496)	—	—
澳門	28(487)	21(492)	16(498)	—

三、結果分析示例

PISA提供的評量結果，不只是簡單的成績排序，而且將蒐集的大量資料進行科學統計分析。它還向各國（地區）提供詳盡的分析報告，內容涉及學生成績與性別、閱讀素養表現、閱讀參與度、學習策略、家庭背景以及學校人力物力投入的關係，據此對各國（地區）的教育品質的現狀進行直接比較和動態分析。評量結果具有政策導向作用。

譬如，PISA 2009對閱讀素養方面作了一系列的統計分析：比較不同國家（地區）學生的閱讀表現；分析將各國（地區）閱讀精熟度水準作總體比較，研究各個等級的分布特點；比較不同性別閱讀精熟度水準的差異（如圖6-1所示）；比較不同國家（地區）學生訪問和檢索能力的差異；比較不同國家（地區）學生整合和解釋能力的差異；比較不同國家（地區）學生反思和評量能力的差異；比較不同國家（地區）學生檢索資訊能力的差異，研究學生素養與閱讀參與度、閱讀策略、家長教育水準、社會背景以及國家的GDP等方面的相關關係和迴歸分析。

下圖為男生和女生在閱讀等級差異方面的比較。

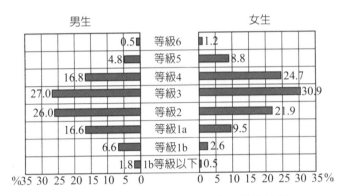

圖6-1　男生和女生閱讀精熟度水準的比較

因此，《上海教育》記者羅陽佳揭示了一個世界性難題：男生不愛閱讀。具體闡述如下：

從全球來看，各個國家和地區都是女生成績高於男生，連續多年來在PISA測試中排名高居榜首的芬蘭，男生也比女生低55分。

為什麼在同樣的教育體系之下，接受同樣的教育，男女生的閱讀成績差異如此之大？

上海市教委教研室譚軼斌認為主要有兩方面原因。一方面是生理的差異。從大腦來看，有關語言機制的大腦功能，男女有別，女生的語言表達能力和語法能力要高於男生。從青春期來看，女生的青春期大約在14歲，男生的青春期大約在16歲，可見，男生的生理和心理成熟期比女生晚，獨立能力和自控能力的形成也比較晚，這會在一定程度上影響學習。

另一方面則是教育的「失衡」和「偏頗」。譚軼斌指出，學校的語文教材選的大多是散文、小說、詩歌等，其中少有男生喜歡的體育、軍事、歷史等題材，對男生缺乏吸引力，這在一定程度上制約了男生對閱讀的興趣。

但學界對這一現象卻有另一番解釋。據華東師範大學心理與認知科學學院邵志芳介紹，認知心理學方面的學者普遍認同男女相似性大於相異性。他認為男女生的學習風格不太一樣，女生是聯繫型的學習風格，男生是分隔型或者獨立型的學習風格。比如，看同一本小說，女生會把自己放

置到小說的故事情節中，覺得自己和小說裡的人物有一定關聯，而男生往往能置身於故事情節之外。

顯而易見，不能尊重和滿足男生的興趣愛好和學習風格的教育方式，對男生閱讀成績差有不可推卸的責任。聯合國教科文組織曾於2003年啟動了一項「為了所有人的性別和教育」的調查，調查報告裡提供的一份PISA測試結果顯示，女孩在所有教育評分上都勝過男孩。由此，報告提出，二十一世紀的基礎教育更需要關注男孩的教育。

第二節　來自經合組織的測試報告

2010年12月7日，OECD發布最新PISA 2009報告。此次測試（2009年）共有65個國家與經濟體的50多萬名15歲學生接受了閱讀、數學和科學三個測試專案的評估，其中，「閱讀」是2009年的重點分析環節，而「學生處理數位化資訊能力」則是首次列入測試的評估內容。

結果顯示，在閱讀測試中，整體排名是韓國和芬蘭分列第二和第三，接下來是香港、新加坡、加拿大、紐西蘭和日本。

上海第一次參加了評估，在閱讀、數學與科學三個項目中，獲得最高級別成績的學生比例（14.6%）都超過了其他國家，名列第一，尤其是在數學方面，有四分之一的學生展示了解決複雜問題的高超數學思維技能，而OECD的平均水準僅為3%；在閱讀測試中，有15.7%的新加坡學生取得最高級別的成績，排在上海和紐西蘭之後。

還有一些OECD國家在閱讀方面也獲得了良好成績，尤其值得一提的包括智利、以色列、波蘭、葡萄牙、韓國、匈牙利和德國；而在數學方面，墨西哥、土耳其、希臘，葡萄牙、義大利和德國進步很快；在科學方面，土耳其、葡萄牙、韓國、義大利、挪威、美國和波蘭成績最為突出。

在此次評估中，OECD還研究了女孩與男孩的成績差異，以及班級規模、教師工資和學校在配置資源方面的自主程度，對於學生成績的影響，結果如下：

　　在所有國家中，女孩比男孩的閱讀成績要好，平均高出39個百分點；自2000年以來，性別差異在所有國家中都沒有什麼改進，在法國、以色列、韓國、葡萄牙、瑞典，性別差距還在擴大，主要反映在男孩對閱讀的興趣降低，其空餘時間對閱讀的投入程度也在降低。

　　成績最優異的教育體系同時也是最公平的──不管社會經濟背景如何，學生的成績都非常優秀。例如，在新加坡，經濟條件最差的學生當中，有一半取得了比預期更好的閱讀成績。這個百分比和OECD平均結果相比高出了20%。但是，基於早期能力對學生進行篩選的學校，學生的社會經濟背景對學生成績的影響最大。

　　成績最優異的教育體系傾向於優先考慮教師的薪資，同時班級規模也更小；允許學生反複不斷聽說讀寫的國家整體成績更差，貧困和富裕家庭孩子的成績差距也最大。在比利時、法國、盧森堡、葡萄牙和西班牙，學生反複不斷聽說讀寫最普遍；成績最優異的教育體系允許學校自行設計課程並制定評估政策，但不允許學校競爭學生來源；紀律嚴格、師生關係良好的教育體系，其閱讀成績更高；在考慮家庭背景的因素之後，公私立學校學生的成績差異不大；結合了地方自治和有效考核制的教育體系，各項測試成績更高；提出為了興趣而閱讀的學生比例從2000年的69%下降為64%。

　　學生若每天花點時間輕鬆閱讀，可提升他們的閱讀能力。這個現象在三分之二的國家與地區獲得證實。一般而言，閱讀小說類的學生會得到較好的成績。

　　OECD祕書長安吉拉‧葛莉亞在發布評估報告時指出：更好的教育成就是未來經濟成長良好的預測器。儘管國民收入和教育成就依舊相關，但PISA評估結果顯示，兩個相同繁榮水準的國家，其教育成績也會有很大的差異。這表明，將世界劃分為富裕、受過良好教育的國家與貧窮、教育極差的國家的二分法，現在已經過時了。

　　另外，2011年，作為向OECD 50周年紀念的獻禮，OECD將啟動兩個新的評估項目以幫助各國建立、維持和提高未來世界公民的技能。這兩個新的評估專案即「成人能力國際評估項」（the International Assessment of Adult Competencies，縮寫為PIAAC）和「OECD技能戰略」（the OECD Skills Strategy），結果將於2013年發布。

PISA提供的分析報告，為各國提供了一個良好的教育品質檢測平臺，為各國及時調整自己的教育政策提供了非常有用的資訊。

第三節　來自歐盟的報告

相關區域對每屆PISA結果都會作相應的分析，分析比較其變化趨勢，研究主要的影響因素，得出科學結論，提出指導性的建議。現以PISA 2003為例。PISA 2003測試結果公布後，歐盟對盟國學生學習成績影響因素作了詳盡的分析，報告結論概要如下：

為了提高歐洲中小學的基本技能教育水準，歐盟委員會教育與文化理事會委託丹麥理工學院對三大國際教育評估項目（PISA、TIMSS和PIRLS）的結果進行了研究。由Jens Henrik Haahr領銜的研究小組分析了教育體制、學生社會經濟背景、學校情況以及學生個體特徵等四大方面因素對學生基本技能教育的影響，並在此基礎上提出了改進中小學基本技能教育的建議。

該研究的出發點來自歐盟的「里斯本戰略」，即國家的教育體制應該讓更多的學生在數學、閱讀與科學三大基礎學科上取得更好的成績；成績最差的學生的平均程度應予以提高。以下是這份研究報告的結論摘要：

1. 教育體制與學生基本技能水準

(1) 學生的基本技能水準，在一國之內表現出的差異，大於在國家間表現出的差異

像PISA這樣的國際調查受到了各國媒體和政策制定者的高度關注，焦點都集中在各國學生的平均成績排名上。但分析顯示，學生的基本技能水準在一國內表現出的差異，遠遠高於國家間的差異。從對學生基本技能水準的影響力大小來看，國家因素只占十分之一，其餘十分之九來自國內因素，即教育體制、課程、學校以及學生個體等。這個結果在2000年和2003年的PISA，1995年、1999年和2003年的TIMSS中都得到了證實。

政策建議：

政策制定者應該重點關注國內的校際差異和不同群體學生間的差異，不應該被國家之間的比較而分散注意力。

(2) 兼重平等與品質

分析顯示，在一國之內可以實現學生閱讀、數學和科學成績的高度均衡，同時整體程度也不受影響。

一些成績分化較小的國家，同時也是學生平均成績較高的國家。將重點放在成績較差的學生群體，消除成績的兩極分化現象，看來是提高學生基本技能整體程度的有效策略。

政策建議：

政策制定者應該致力於提高學生基本技能的平均水準，把重點放在成績較差的學生身上，以降低學生成績的兩極分化。

(3) 對學生進行分流會加大兩極分化，而非帶來平均水準的提高

PISA的資料顯示，學校系統的制度性差異程度（按成績對學生進行分流，或留級學生等）與學生平均成績之間在統計上，沒有明顯的相關性，但與學生成績的兩極分化程度有明顯的相關性。

這意味著，制度性差異程度的加強（過早地對學生進行分流，或讓更多學生留級等）不能作為提高學生平均成績的必要手段，可能導致的結果是學生兩極分化現象更加嚴重，成績差的學生愈來愈差，能力強的學生愈來愈強。

(4) 制度性差異程度的增大，意味著學生的社會經濟背景對其學習成績的影響更大

PISA的統計資料顯示，不同類別的學校及教育課程的數量，與學生的社會經濟背景對其學習成績的影響成正相關。也就是說，對學生進行按成績分流愈早，分流學生愈多，學生的學習成績受其社會經濟背景的影響就愈大。

隨著分流制度的擴大使用，教育系統內的制度性差異會增大，一國教育適應不同社會經濟背景的學生，為所有學生提供平等學習機會的能力便逐漸變弱。

政策建議：

荷蘭、奧地利、德國、比利時、盧森堡、匈牙利、捷克以及斯洛伐克等國普遍使用分流制，以及其他把學生分成不同類別的做法。這些國家的政策制定者應該思考，是否在建立一個「有教無類」的教育制度方面，還有潛力可以發展。

(5) 實施分流制，使優秀教師幫助低成就學生的可能性減弱

2003年的PISA報告顯示，那些在教育系統中存在較大程度的制度性差異的國家，大多數也是學生獲得教師支持較少的國家。

奧地利、德國、荷蘭、捷克、斯洛伐克以及盧森堡等國是學校系統分化程度最高的國家，在這些國家中，幾乎沒有學生反映他們的數學教師在大多數或每節課上對每個學生的學習感興趣。類似地，幾乎沒有學生反映教師在大多數或每節課上，為他們提供了表達自己觀點的機會，或為他們提供了學習上的幫助。

政策建議：

奧地利、德國、荷蘭、捷克、斯洛伐克以及盧森堡等國的政策制定者應該思考，是否為最需要幫助的學生提供了足夠的教師支持。情況似乎是，在促進機會公平，以及提高學校系統效率方面，這些國家還有潛力可發掘，重點是為那些社會經濟背景不佳的學生採取扶助措施。

(6) 教育制度的競爭性，將由個體付出代價

分析顯示，競爭性較強的國家教育體制（如普遍使用入學考試來選拔學生）可能會帶來學生較高的基本技能水準。但是，在競爭性較強的教育體制中（如中國香港、中國大陸、日本、韓國等），學生表現出的焦慮水準高於平均值，內部動機（對某學科的興趣和喜愛）較低，對學校的歸屬感也比較低，且對學校為他們做好成人生活準備的能力持負面評量。

這意味著，儘管較強的競爭性可能會在學習成績上帶來收益，但在學生的動機和心理健康方面，卻會付出代價。這些代價從長遠來看，會有一些不可預見的負面影響，如對學生的終身學習。

政策建議：

政策制定者應該認識到，教育體制內學生間競爭性的增強，伴隨著他

們付出更多的代價。

(7) 對私立學校依賴的加強應謹慎

中小學教育主要是一種公共事業。在有可比資料的20個OECD國家中，私人投入占中小學教育經費的比例超過10%的只有6個國家，沒有一個國家超過了20%。而且，私立學校的種類千差萬別，既有從學生的社會經濟背景而言，非常精英的私立學校，也有招收特色生源的學校，還有建立在某一特定教育理念或宗教信仰基礎上的學校。

在有關教育的公共討論中，經常能夠聽到給予私立學校更突出地位的聲音。2003年的PISA報告顯示，私立學校學生在PISA考試中的成績，往往好於公立學校學生，但原因在於生源的社會經濟背景差異。如果排除這個因素，私立學校學生和公立學校學生之間的成績差異很大程度上便消失了。

在另一方面，2000年的PISA報告顯示，非私人投資但由私人經營的學校，學生成績優於公立學校學生。在排除生源因素後，這個結論仍然有效。

由此看來，如果學校是民營，但同時又主要由公共經費投資，這將有利於學生學習成績的提高。這個結論同學校的自主權與學生學習成績成正相關的觀察一致。

政策建議：

政策制定者在實施學校系統民營化政策時，應該小心謹慎，它對學生學習成績有何影響，目前還沒有確切的證據。

PISA報告有證據顯示，民營與公共經費投入相結合，有利於學生的學習成績提高。政策制定者在考慮促進學校私有化時，應該對此引起重視。

(8) 學前教育對學生今後的學習成績的作用

有關學前教育對學習成績影響的可靠結論，需要進行縱向研究。但是，來自PISA和PIRLS依據學生自我報告的證據顯示，學前教育與今後的學習成績成正相關，並得到了TIMSS 2003的資料和有關縱向研究的支持。

與此同時，兒童的社會經濟背景影響著他們受益於學前教育的能力。在考慮了兒童的社會經濟背景後，學前教育的成效變小了，即接受學前教育與沒接受學前教育的兒童之間的差別減小了一半。

政策建議：

政策制定者應該考慮進一步加強學前教育，重視那些從長遠來看有助於提高學生學習成績，同時又不對兒童的全面發展帶來負面影響的學前教育方式。

政策制定者應該考慮在教育體制中，找到幫助處境不利於兒童獲得較好起點的學前教育方式。

(9) 教學時間和作業時間的增多，並不是提高學習成績的簡單辦法

來自PISA、TIMSS、PIRLS的資料顯示，學生用於學習的時間與平均學習成績之間的統計關係較弱（這並不令人吃驚，因為多個因素使得兩者之間的關係複雜化。例如，教師可能會給那些最需要做家庭作業的學生準備更多的作業，學得慢的學生做同樣多的作業，需要更多的時間）。

這提醒政策制定者，教與學的時間與學生學習成績之間沒有明瞭、簡單的關係。更多的教學時間並不一定帶來學生更好的學習成績。教與學的實際內容可能比教學時間更重要。

政策建議：

政策制定者應該思考是否為確保教學的有效性，為實際的教學內容投入了足夠的經費，而不是把重點放在教與學的時間上。

在15歲學生學習時間較多的歐盟國家，政策制定者應該思考其他年齡段學生的學習時間是否也較多，如果是這樣，則可以考慮透過縮減教學時間來節省一些教育經費，並把這筆經費用於改善教學的實際內容。根據PISA 2003的資料，希臘、義大利、拉脫維亞、愛爾蘭和西班牙的15歲學生學習時間，比其他歐盟國家長。

(10) 在既定經費條件下的改進空間

國家富裕程度，以及學生每人平均的教育投入，與學生的PISA評量成績之間的關係非常不確定。也就是說，國家相對不富裕，並不能作為學生平均成績低的一個理由。這一情況給政策制定者在既定的經濟條件下，

改進教育體制留出了很大空間。

(11) 政策改革能起作用

拉脫維亞和波蘭的經驗顯示，改革教育體制可以使學生的平均學習成績顯著提高。無論是制度性改革，還是教學內容與方法的改革都很重要。

但是，拉脫維亞和波蘭的例子比較特殊，因為這兩個國家改革教育體制的起點很特別，即這兩個國家的教育體制，原本都植根於計劃經濟體制。因此，他們的經驗可能並不適合其他國家。

2. 學生背景特點與基本技能水準

(1) 學生社會經濟背景的差異，可以由教育體制來彌補

儘管PISA 2003的結果證實，學生的社會經濟背景對學習成績有顯著影響，但影響程度會受教育政策，以及為所有兒童提供高品質教育的措施影響，因而在不同國家影響程度有顯著不同。在比利時、匈牙利、斯洛伐克、捷克和德國，學生社會經濟背景的影響程度大於其他歐盟國家。

此外，PISA的資料並不支援這樣一個觀點，即隨著學生社會經濟背景影響程度的降低，學生平均成績也降低。在一些從學生平均成績來看最好的國家和地區（芬蘭、香港、日本和韓國），學生社會經濟背景的影響程度最低。因此，不受學生社會經濟背景影響的教育結果平等，與教育的整體高品質並不衝突。在努力獲得教育成果的整體高水準的同時，把結果公平也作為重點，是一個可行的政策選擇。

政策建議：

比利時、匈牙利、斯洛伐克、捷克和德國的政策制定者和有關部門，應該考慮對教育結構、制度和方法進行調整，以提高教育體制彌補學生社會經濟背景不利的能力。

(2) 給單親家庭學生提供更多支援，會帶來較好的效果

從政策角度來看，並非學生的所有社會經濟背景因素都需要考慮，但是，家庭結構因素對於政策改革來說是值得關注的，並且能在中短期收到效果。PISA 2000和PISA 2003的資料顯示，單親家庭孩子的學習成績低於來自其他家庭結構的孩子。原因部分在於單親家庭的成人用於幫助孩子功課和其他學校活動的資源比較少。

政策建議：

政策制定者應該思考是否在現有的學校和教育體制內為單親家庭孩子提供了足夠的支援。在歐盟，這個問題對於比利時、愛爾蘭、丹麥、瑞典、挪威等國尤其重要。

給單親家庭孩子提供的支援包括：輔導他們的功課；幫助他們參加學校的活動等；也可以把重點放在幫助單親家長身上，促使他們有更強的能力幫助他們的孩子。

(3) 重視提高女生數學和科學成績的潛在益處

在被研究的幾個國家中，女孩的數學和科學成績比男孩差。在歐盟，這個問題對丹麥、義大利（僅數學）、盧森堡、斯洛伐克和希臘等國來說，尤其顯著，在愛爾蘭和捷克也有一定程度的反映。考慮到女性在接受數學和理科高等教育的學生中所占比例較低，提高女生的數學和科學成績大有潛力可圖。

政策建議：

在丹麥、義大利、盧森堡、斯洛伐克、希臘以及愛爾蘭和捷克等國，政策制定者和有關部門應該重視提高女生的數學和科學成績。有很多措施可供選擇，如對教學材料和教學方法進行審查，以增強數學和科學對女生的吸引力，提高她們學習數學和科學的效率。

(4) 重視提高男生閱讀成績的潛在益處

男生閱讀成績的相對落後，也應該成為引起決策者注意的一個問題。良好的閱讀技能應該被視為獲得眾多其他技能和能力的先決條件。但是，PISA 2003的資料顯示，所有國家的男生閱讀成績都明顯低於女生，分數相差21分到58分不等。

政策建議：

所有歐盟成員國的政策制定者和相關部門，都應該加強對男生閱讀成績的重視。例如對教學材料和教學方法進行審查，以增強閱讀對男生的吸引力。

3. 學校特徵與學生基本技能水準

(1) 學校自主權與學生成績成正相關關係

研究發現，學校在某些方面有較大的自主權與學生成績呈正相關。在參加PISA評量的各個國家，學校自主決定預算分配的自由度，與學生的平均成績呈明顯的正相關。

學校在教師任命與解聘、學生紀律管理、課程設置和課程內容安排等方面的自主權，與學生學習成績也呈正相關。

儘管應該避免把統計資料的相關關係解釋成因果關係，但PISA的資料分析結果印證了人們的一個假設，即賦予學校責任之下的自由，是改善歐洲中小學教育的富有成效的發展之路。有高度自主權的學校具有創新和努力促使學習困難的學生爭取成功的可能。

(2) 一些歐盟成員國賦予學校極小的自主權

PISA 2003的資料顯示，歐盟中的奧地利、德國、義大利、葡萄牙、西班牙等國賦予學校的自主權低於其他成員國，特別是在教師的任命與解聘方面。在課程設置和課程內容安排等方面，一些國家的學校自主權也比較低。

政策建議：

政策制定者和相關部門，應該思考是否賦予了學校在預算經費使用、教師任命與解聘、學生紀律管理等方面足夠的自主權。

奧地利、德國、義大利、葡萄牙和西班牙等國的政策制定者與相關部門應該考慮是否可以透過擴大學校的自主權，來改善中小學教育。

(3) 某些類型的學生評估方式有助於學生學習

為評估學生的學習成績，可採用的辦法有很多。評估方式在性質和品質上差別很大，不同的學校實施的評估政策和實際做法有較大不同。因此，很難找出某一種學生評量方式與學生成績之間的關係。

PISA 2003的資料顯示，許多評估方法（標準化考試、學生檔案袋、教師評量與評級）對學生學習成績的解釋力比較弱，在統計關係上也沒有明確的指向。

但是，在PISA 2003中，教師自編試題使用較多的學校，學生學習成

績有更好的傾向。在對PISA 2000和TIMSS 1995的資料進行多變數分析後，有一些證據顯示，政府集中組織考試對學生的數學和科學成績有正面影響。PISA 2000年的資料顯示，由校外部門實施的畢業考試能夠提高自治學校的學習成績，並在學校責任制中發揮作用。

政策建議：

政策制定者與相關部門，應該區別對待以責任考核為目的的考試與作為學習過程一部分的考試。

由於圍繞考試的政策爭論一直熱度不減，政策制定者要實施考試改革，必須事先謹慎考慮可能帶來的強化考試的風險。

第四節　對學科教學的啓示

一、對閱讀課堂教學改革的啓示

1.目標：注重能力取向

語文閱讀教學課堂分為三種類型，一為「語文知識取向」，二為「閱讀能力取向」，三為「人文精神取向」。大多數教師的閱讀課堂是以人文精神為取向的，此類取向的閱讀課堂也成為廣大小學語文教師普遍認同並孜孜追求的「好課」；在廣大教師的日常教學中，或因為要上好這樣的好課實在難度太大，或由於受傳統以講授為主的課堂影響太深，或迫於考試的壓力，閱讀教學課堂還是以「語文知識取向」為多。而應該也必須成為閱讀教學主要目標取向的「閱讀能力取向」的課堂卻往往難得一見。

PISA所測試的閱讀素養主要是學生的閱讀能力，從三個層面來衡量學生的閱讀能力：(1)獲取資訊的能力：能否從所閱讀的文本資料中迅速找到自己所需要的資訊（包括字面資訊和隱含資訊）。(2)解釋文本的能力：閱讀後，能否從閱讀的資料中正確地解釋文本的意義（在全面閱讀文本的基礎上，連結各個部分的相關資訊，對文本進行邏輯上的理解）。(3)思考和判斷能力：能否將所讀內容與自己原有的知識、想法和經驗相聯結，綜合判斷後，提出自己的觀點（包括對文本的形式和內容兩方面的

反思與評量）。

要強化語文閱讀課堂的「能力取向」，培養如PISA測試所測量的三種閱讀能力，首先要做到以下三點：要讓學生掌握語文學習的基本方法；要著重加強閱讀策略的指導；不應該迴避語言文字訓練。

2. 過程：體現生本理念

PISA測試強調的是全體學生的發展，這與我國課改促進每個學生發展的理念相一致。目前的許多課堂教學的價值轉向了體現教師個人的才藝展示。這種「教師本位式」教學，大多只是在精心演繹教師個人的「鑽研所得」，離學生實際相去甚遠，學生在教師設計的圈子裡「學習」，而不清楚為什麼學、為什麼要這麼學。閱讀教學只有體現生本理念，才能切實有效地提升每個學生的語文素養。要在閱讀教學過程中體現生本理念，應該做到研究教學起點，重視學路設計，關注真實參與。

從目前的閱讀課堂看，有一種評論是「優等學生熱熱鬧鬧，中差學生莫名其妙」。愈是熱鬧的課堂，愈能發現學生的參與率並不高。要構建學生真實參與的課堂，首先教師要關注參與的面向，要讓每個學生有參與學習、參與交流、參與練習的機會。其次，要追求參與的程度，要讓學生有獨立思考、自主探究的時空，要有參與的深度和廣度，從而達成課堂教學的目標。

3. 結構：實施多元模式

從PISA專案的測試內容看，參加測驗的學生必須閱讀短篇故事、網路信件、雜誌報導以及統計圖表等各種形式的資訊，然後回答不同類型的問題。對於教學而言，不同形式的文章顯然應該運用不同的模式來教學。

從目前的情況看，閱讀課堂教學模式的單一化、評量標準的單一化，制約著語文教學的發展。閱讀教學課堂應該也必須是多元模式的課堂。在實際的閱讀教學中，我們完全可以因課文題材、體裁的不同，教學目的的不同，設計出豐富多樣的教學模式。因文而異、因需而異的多元化的教學模式的探索，肯定會給閱讀教學帶來更多的活力，也肯定會讓學生和教師真正感受到語文教學的快樂。

4. 途徑：強調內外兼修

PISA測試對我國閱讀教學的一條重要啓示就是要讓學生有充分的課外閱讀時間，從而有機會進行大量的自主閱讀。博覽群書、廣泛涉獵，歷來是我國傳統閱讀教學的基本經驗。語文能力的形成是一個日積月累的過程，不可能立竿見影。只有大量閱讀，才能博採眾長、融會貫通，才能做到厚積而薄發。有效的閱讀教學途徑必然是「內外兼修」。我們不僅要重視學生課堂的學習，更要重視學生課外的閱讀。要有效地實施「內外兼修」的教學，必須有效溝通課內與課外。指導學生進行課外閱讀，是我們的分內之事。有效溝通課內與課外，一方面要引導學生將課堂上學到的讀書方法遷移到課外閱讀中，可以文章的主題、作家的特點、文章的體裁或PISA所謂的「閱讀情境」的特點進行拓展閱讀等；另一方面也要將學生的課外閱讀成果引入到課內來，展示他們的閱讀成果、收穫、策略，解決他們在課外閱讀中的困難與疑問。

課外閱讀的指導，首先要激發孩子的閱讀興趣，讓孩子有讀書的欲望；其次要指導孩子選擇多元的、適合的閱讀材料；第三要指導孩子用科學的方法進行閱讀。總之，讓孩子很有興趣地讀自己喜歡的高品味的優秀讀物，並讀有所得。

學校、家庭要創造讀書條件。開放學校圖書室、充實班級圖書庫、構建「讀書走廊」、組織「好書輪流讀」等方法，都是值得一試的好方法。濃濃的書香校園對孩子來說，才是最有吸引力的校園。根據PISA研究，家長的社會地位和教育程度，確實會影響孩子的閱讀能力。但文化資產的影響力更勝於實質財富。換句話說，家裡的文學作品、書籍愈多，父母愈常和孩子討論書籍文本的內容，通常孩子的閱讀能力愈強。因此，我們在營造書香校園的同時，還要引導家長為學生創造良好的書香家園。

二、對數學教學的啓示

1. 關注數學閱讀，提高理解能力

PISA的試題以單元形式呈現，文字閱讀量較大，要理解題意，必須獨立閱讀；而我們平時的數學課堂教學，很少關注學生的閱讀；問題的呈

現一般文字也較短，教師分析講解較多，沒有為學生獨立閱讀和理解問題提供充分的時間和空間；對新情境問題，學生更是不知所云。其實我們在平時的數學課堂中，教學解應用問題時，已經發現，學生存在很大的困難，主要是學生閱讀理解能力較弱，不會從問題中提取相關的數學資訊，難以將文字語言轉化為符號語言、圖形語言。這給我們啟示：閱讀能力是學生學習的一般能力，任何學科的學習都離不開閱讀，在某種意義下，學習始於閱讀，數學學習也是如此。因此，平時我們在數學課堂教學中應切實關注對數學問題的閱讀理解，教師要有學法指導和相應的教學策略，要重視課堂教學中的閱讀環節，關注學生對數學文本的閱讀。

2. 重視數學與現實的聯繫，經歷「數學化」過程

中國相關《課程標準》中沒有「為生活而學習」的論述，但也非常關注數學與現實的聯繫和應用，如在「課程的理念」中指出：「應重視數學與現實生活的聯繫，一方面要選擇具有廣泛應用性的數學知識充實課程內容；另一方面要開發數學實踐環節，強化運用數學知識分析問題和解決問題的過程。」在「總目標」中要求：「能從數學的角度和運用數學的思維方式去觀察、分析現實生活中的事物，會從中提出問題，並會運用所學知識和技能解決簡單的問題。」「具有對數學與人類社會以及現實生活密切聯繫的體會，知道數學對於社會發展和個人發展都有重要的作用」，在具體的「內容與要求」中，如在數的整除、比和百分比、正比例和反比例函數、概率統計等，都提到了「體會數學與現實生活的聯繫，增強數學應用意識」。

對於「數學化」，《課程標準》在「課程實施」中指出：「要積極引導學生經歷數學化、再創造的活動過程，同時給學生創設反省活動過程的機會。」「在數學教學中，應展現基本概念的抽象和概括過程，基本原理的歸納和推導過程，解題思路的探索和形成過程，基本規律的發現和總結過程，數學建模、求解和解釋的過程；要體現數學教學是數學活動的教學，使學生獲得『數學化』、『再創造』的過程經歷。」因此，在課程層面我們對「數學化」也是關注的，教材中也有許多生動的實際生活中的例子，涉及的範圍很廣，有體育、經濟、生活、航太等；但在具體的數學課

堂教學和評量中，教師更關注的是數學內部問題的「數學化」，對實際生活中問題的數學化雖有涉及，但比例較小、重視不夠。其實，學生經歷將實際問題「數學化」的過程，可以激發學生運用知識解決問題背後的相關潛能，提高學生的數學素養。如果我們對此有所認識，那麼，通過加強數學與現實的聯繫，不僅能提高學生學習數學的興趣，而且能發展他們的數學能力。

3. 鑑別不同的思維方法，發揮評量對教學的回饋功能

PISA數學素養測試對有些測試結果的評量，不僅僅是給學生一個學習成績的認定，而運用代碼區分學生因不同思維所給出的解答，即使給出解答是正確的，因方法的不同也會給出不同的代碼，從而區分出學生對數學問題不同的思考。這樣的設計可以反映出數學教學中所蘊含的豐富的資訊，對這些代碼進行統計分析，使代碼所代表的相關資訊被提煉和發現，從而用來改進我們的數學課堂教學。

我們平時的測試很多，大多只對學習結果給出一個分數，而對應不同的思考、不同的方法所得出的結論則不作區分和分析。其實，這樣就失去了許多對數學課堂教學有用的資訊，而這些資訊可能正是改進、調節數學課堂教學所必需的。因此，如何改進我們的評量方法，發揮評量對教學的回饋功能、診斷功能，是我們今後需要重點研究的。

三、對科學探究能力評量的啓示

目前，中國科學教育各個學科都有了相應的課程標準，並都將科學探究作為科學教育的核心內容，提出了科學探究的步驟和程序。但這種描述比較模糊，且教科書中涉及的習題幾乎空白。也有不少中學教師撰寫的中考科學探究性試題的文章發表，但都是解題的分析與歸類，沒有上升到可操作的理論層面。因此，借鑑國際教育評量專案中，科學探究能力評量的設計，無疑對正在進行的科學教育課程改革有很重要的意義。

1. 從評量的目標看

規劃科學探究能力考查的目標，是試題設計的核心，因為作為考試而言，首先要考慮的就是考查的目標。上述三種評量專案都有一定的理論基

礎作為支持，即有著相應的目標分類為基礎。儘管三者的目標不同，但是各有特色，如PISA的目標是不受學科的界限，主要考查學生在社會生活中應該具有的科學探究能力。

2. 從評量的方法看

對於科學探究能力考查的方法，TIMSS和PISA評量採用的是紙筆測驗，而NAEP既有紙筆測驗也有實驗動手操作技能的考查。這對那種認為紙筆測驗無法考查學生的科學探究水準是一個很好的反證。可見只要試題設計合理，同樣可以有效地測量學生的科學探究能力水準。如PISA評估的重點是考查學生能否探究和思考。

3. 從評量的形式看

三者所用的題型既有客觀題也有主觀題，透過客觀題來考查學生對科學探究的理解；透過主觀題如開放性試題，以檢測較高層次的科學探究能力水準。試題所涉及的材料和情境都是新穎的，且都連結學生生活實際和行為，使學生感到親近，同時保證材料和情境的真實性。如PISA強調學生解決的問題，是真實生活中可能遇到的問題。

4. 從評量的內容看

TIMSS和NAEP都涉及了具體科學的內容，透過設計一定的科學問題情境，考查在具體的學科知識內容中，運用科學探究能力來解決具體的問題，顯然考查的是一種具體問題的分析能力。而PISA涉及的是跨學科的內容，主要考查學生在實際生活中，創造性地運用科學探究技能的能力，是一種綜合解決問題的能力。

5. 從評量的層次看

對評量的同一對象而言，TIMSS考查的能力層次比較淺，它一般只涉及科學探究能力要素中的某個方面，NAEP考查的層次為中等，通常涉及的是科學探究能力要素中的幾個因素，而PISA測試的能力層次比較深。由於它是跨學科的組合，以科學探究能力考查為立意，很少涉及具體的學科知識，對問題的解決主要不是依據學科知識，而是依據科學探究能力來解決問題，把科學探究能力的考查要素隱含在問題情境中，因此所考查的能力要素是全方位的。

6. 從評量的本質看

由於三者在評量的目標上存在著一些差異，導致它們在評量的內容、形式、方法和層次上也有所不同。但它們在科學探究能力考查的本質上是相同的。三者都是設置一定的情境，依據問題的內在連結，從而考查學生提出問題、蒐集資訊、設計實驗、評估和論證、作出結論及表達交流等科學探究能力；它們都是透過解決問題中涉及的科學探究的過程這一本質，來考查科學探究能力水準的高低。

四、對學習方法研究的啓示

1. 學習方法是學校教育的重要目標

大量研究證明，良好的學習方法，不僅能促進學生當前的學習，而且從長遠發展來看，它還有利於學生未來開展終身學習。隨著知識型社會的不斷發展，具有良好的學習方法，能夠不斷學習，不斷適應和發展，這已經成為優秀人才的必備條件。因此，學校教育要從傳統的知識技能中心向知識技能與方法並重的目標轉變。

2. 在教學中培養學生對學習的自我控制能力

PISA的研究發現，自我控制能力與學習成績之間存在正相關，並且，學生對學習的興趣也主要透過控制策略影響到學習成績。因此，教學中引導學生對自己的學習進行計畫、監督和調節，就顯得尤為重要。

要培養學生的自我控制能力，首先要使教師認識到，學生才是學習的主體，教師絕不能越俎代庖、過分控制學生的學習過程。缺少學生的主動參與的教學，即使能在知識上達到預期的目標，但在對學生的學習能力提高上並沒有什麼幫助。從長遠來看，這明顯不利於學生未來的終身學習能力的形成。其次，教師要引導學生逐步學會管理自己的學習。學生對學習的自我控制能力是在實踐中逐步發展的，教師應該根據教學內容創造機會，逐步教給學生如何選擇學習目標、監督學習和根據個人實際情況調節學習目標、進度的方法，並創造機會讓學生來控制自己的學習。第三，培養學生對學科和學習本身的興趣，也能間接地提高學生的自我控制能力。學生對學習感興趣，才會有意地採用控制策略，提高自己的學習成效。

　　控制策略不僅能幫助學習效率高的學生，而且也能幫助對學習有焦慮感、沒自信的學生。培養學生良好的控制策略需要，給予學生足夠的自由，發揮他們的主動性，這與大多數課堂上的教師完全控制課堂的現實很不一致，因此這方面能帶來很多啟發。

3. 教學中重視引導學生採取更多的精緻策略

　　PISA對學生學習方法的研究結果表明，精緻策略與較好的閱讀成績之間存在很大的正向關係。這表明，教師在平時的教學中，應該重視引導學生對問題進行深入加工，引導學生將新的資訊納入已有的知識系統，而不是一味強調知識的記憶，當然，這並不意味著要拋棄記憶策略。問題在於由於長期注重知識掌握的教學傳統，教學中充斥著大量無需記憶，或者僅靠機械記憶無法真正掌握的內容，考試中也存在很多並非必須記憶的內容。對於這一部分，應該儘量減少機械記憶，而應當把大量的時間用在對問題的深入理解和加工上。也就是說，應該根據材料的不同，結合使用記憶和精緻策略，同時，要更加重視精緻策略。

4. 引入對學習方法的科學評量

　　學習方法和教學方法是PISA問卷中的重要內容。透過對不同學習方法與學習成績的相關分析，PISA發現了很多有啟發性的研究結果。這提醒我們，在對學生評量時，不僅學習成績重要，學習方法也很重要。因為在學生的個人背景因素中，有些單靠學校教育很難改變，比如學生家庭的經濟、社會和文化地位，而學習方法可以透過學校教育培養，它也是學校教育的目標之一。可以借鑑PISA的方法，對學習方法進行科學的評量。

PISA 的調查問卷

附錄一　PISA 2009學生問卷

在本問卷中，你將會發現有關下列問題：

* 關於你
* 你的家庭和家居
* 你的閱讀活動
* 學習時間
* 班級和學校風氣
* 你的語文課
* 圖書館
* 你的閱讀和理解文章的策略

在下列問題中，將提及關於閱讀的問題。我們特指的閱讀，是關於理

解、運用及思考書面文本的技能。此技能是每個人達成目標、發展個人知識和潛能，以及參與社會所必需的。

　　請細心閱讀每個問題，盡可能準確回答。在測試中需要圈出你的回答。本次調查問卷一般答案只需要你在方框裡打上「✓」，少數問題你必須寫出簡短的答案。

　　如果你打錯方框，可以畫去或擦去錯誤的，在正確的方框打鉤。當你答案填寫錯誤時，只要畫去錯誤的答案，在旁邊寫上正確的答案。

　　在本次問卷中，沒有「對」和「錯」的答案，你的答案對你來說是正確的，將如實統計。

　　如果你不懂或沒把握怎麼回答問題，你可以請求幫助。

　　你的答案將與別人的答案一起統計總數和平均數，不單獨評卷，你的所有答案都將保密。

第一部分　關於你

Q1： 你在哪個年級？

　　＿＿＿＿＿＿＿＿（年級）

Q2： 你在下列哪個學期？

　　　　　　　　　　　　　　　　　　（請在其中一個方框內打「✓」）

學期1	□1
學期2	□2
學期3	□3
學期4	□4
學期5	□5
學期6	□6

Q3： 你在哪一天出生？

　　（請寫出你出生的年、月、日）

　　＿＿＿＿＿　＿＿＿＿＿19＿＿＿＿＿

　　　日　　　　　月　　　　　年

Q4： 你是女生還是男生？

女生 □1 男生 □2

Q5： 你上過幼稚園嗎？

不 □1

是的，不到一年 □2

是的，一年多 □3

【編著者注：根據國際教育標準分類法，ISCED將教育分為ISCED0到ISCED6七個層次。其中ISCED0為「第一級前教育」，即學前教育階段；ISCED1為「第一級教育」，即初等教育階段（相當於小學）；ISCED2為「第二級教育第一階段」，即初中教育階段；ISCED3為「第二級教育第二階段」，即高中教育階段。ISCED4為高中後的非高等教育階段；ISCED5B相當於高職教育；ISCED5A為大學專科、本科及各種碩士學位教育，ISCED6為博士課程部分】

Q6： 你幾歲時開始上小學？

＿＿＿＿＿歲

Q7： 你曾經留過級嗎？

	從不	一次	兩次及以上
a.小學階段	□1	□2	□3
b.初中階段	□1	□2	□3
c.高中階段	□1	□2	□3

第二部分　你的家庭

這個部分將問到關於你的家庭和家居。下列有些問題是關於你的父母或對你像父母一樣的人，例如：監護人、繼父母、養父母等。

如果與你父母或監護人特定一方相處時間較多，你在回答下列問題時，可以說大部分時間與父母或監護人在一起。

Q8： 在家通常誰與你在一起？

（請在每行的一個方框內打「✓」）

	是的	不是
a.母親（包括繼母或養母）	□1	□2
b.父親（包括繼父或養父）	□1	□2
c.兄弟（包括異父（母）兄弟）	□1	□2
d.姐妹（包括異父（母）姐妹）	□1	□2
e.爺爺奶奶、外公外婆	□1	□2
f.其他（如堂兄弟、表兄弟）	□1	□2

Q9a：　你母親的主要職業是什麼？

　　　　（如學校教師、廚房幫工、銷售經理）

　　　　（如果她現在沒有工作，請告訴我們她上次的職業）

　　　　請寫出職業的名稱：＿＿＿＿＿＿＿＿＿＿＿＿

Q9b：　你母親主要做些什麼工作？

　　　　（如教中學生、在飯店作為廚師的助手、管理銷售團隊）

　　　　請用一句話來描述她在工作中所做或曾經做過的活：＿＿＿＿＿＿

Q10：　你母親已完成的學校教育最高水準是什麼？

　　　　（如果你回答這個問題沒把握，請監考教師幫助）

（請選擇一個方框打「✓」）

a.高中水準	□1
b.職高中專水準	□2
c.初中水準	□3
d.小學水準	□4
e.小學沒讀完	□5

Q11：　你母親有沒有獲得以下資格？

　　　　（如果你對這個問題沒把握，請監考教師幫助）

（請在每行中選擇一個方框打「✓」）

	有	沒有
a.博士	☐1	☐2
b.碩士	☐1	☐2
c.高職	☐1	☐2
d.高中	☐1	☐2

Q12：　你母親目前從事什麼工作？

（請選出一個方框打「✓」）

a.全職上班（為了工資）	☐1
b.兼職（為了工資）	☐2
c.沒工作，正在找工作	☐3
d.其他（如做家務、退休等）	☐4

Q13a：　你父親的主要職業是什麼？

　　　　（如學校教師、廚房員工、銷售經理）

　　　　（如果他現在沒有工作，請告訴我們他上次的職業）

　　　　請寫出職業的名稱：＿＿＿＿＿＿＿＿＿＿＿＿

Q13b：　你父親主要做些什麼工作？

　　　　（如教中學生、在廚房幫忙、做銷售經理）

　　　　請用一句話來描述他在工作中所做或曾經做過的項目：＿＿＿＿＿

Q14：　你父親已完成的學校教育最高程度是什麼？

　　　　（如果你回答這個問題沒把握，請監考教師幫助）

（請選擇一個方框打「✓」）

a.高中程度	☐1
b.職高中專程度	☐2
c.初中程度	☐3

（續上表）

d.小學程度	□4
e.小學沒讀完	□5

Q15： 你父親有沒有獲得以下資格？

（如果你對這個問題沒把握，請監考教師幫助）

（請在每行中選擇一個方框打「✓」）

	有	沒有
a.博士	□1	□2
b.碩士	□1	□2
c.高職	□1	□2
d.高中	□1	□2

Q16： 你父親目前從事什麼工作？

（請選出一個方框打「✓」）

a.全職上班（為了工資）	□1
b.兼職（為了工資）	□2
c.沒工作，正在找工作	□3
d.其他（如做家務、退休等）	□4

Q17： 你和你的父母出生在哪個國家？

（請在每列中選出一個方框打「✓」）

	你	母親	父親
國家A	□1	□2	□3
國家B	□1	□2	□3
國家C	□1	□2	□3
國家D	□1	□2	□3
其他國家	□1	□2	□3

Q18：如果你不是出生在試卷裡的國家，你幾歲時到過該國家？

如果不到12個月，請寫0。

如果你出生在試卷中的國家，那麼就跳過這個問題，繼續做第19題。

_____歲

Q19：你在家裡的大部分時間使用什麼語言？

（請選出一個方框打「✓」）

語言1	☐1
語言2	☐2
語言3	☐3
語言4	☐4
其他語言	☐5

Q20：你在家裡的學習條件，屬於下列哪一種情況？

（請在每行中選出一個方框打「✓」）

	是的	不是
a.有一張書桌學習	☐1	☐2
b.你有自己的一個房間	☐1	☐2
c.有一個安靜的地方學習	☐1	☐2
d.有一臺電腦來做學校作業	☐1	☐2
e.教育軟體	☐1	☐2
f.網路	☐1	☐2
g.經典文學作品（如《莎士比亞》）	☐1	☐2
h.一部詩集	☐1	☐2
i.藝術作品（如油畫）	☐1	☐2
j.教輔用書	☐1	☐2
k.技術參考書	☐1	☐2
l.一本字典	☐1	☐2

（續上表）

	是的	不是
m.一臺洗碗機	□1	□2
n.一臺DVD影碟機	□1	□2
o.健康問題1	□1	□2
p.健康問題2	□1	□2
q.健康問題3	□1	□2

Q21： 下列物品，你家有多少？

（請在每行中選出一個方框打「✓」）

	沒有	一個	兩個	兩個以上
a.手機	□	□	□	□
b.電視機	□	□	□	□
c.電腦	□	□	□	□
d.小汽車	□	□	□	□
e.淋浴房	□	□	□	□

Q22： 你家有多少書？

通常書架每公尺可放40本書，不包括雜誌、報紙和教科書。

（請選出一個方框打「✓」）

1-20本書	□1
11-25本書	□2
26-100本書	□3
101-200本書	□4
201-500本書	□5
500本以上	□6

第三部分　你的閱讀活動

　　這部分的主要問題是關於你的課外閱讀。

Q23：你通常花多少時間用於快樂閱讀？

（請選出一個方框打「✓」）

a.我沒有快樂閱讀	□1
b.每天30分鐘以內	□2
c.每天30分鐘到1個小時	□3
d.每天1-2小時	□4
e.每天2小時以上	□5

Q24：你在多大程度上同意這些關於閱讀的陳述？

（請在每行中選出一個方框打「✓」）

	非常不同意	不同意	同意	非常同意
a.只有必要時，我才閱讀	□1	□2	□3	□4
b.閱讀是我最喜愛的業餘愛好之一	□1	□2	□3	□4
c.我喜歡和其他人談論書本	□1	□2	□3	□4
d.要把書讀完，我覺得困難	□1	□2	□3	□4
e.如果收到的禮物是一本書，我會感到高興	□1	□2	□3	□4
f.對我來說，閱讀是浪費時間	□1	□2	□3	□4
g.我喜歡去書店或圖書館	□1	□2	□3	□4
h.我閱讀只為取得我需要的資訊	□1	□2	□3	□4
i.我靜坐閱讀時不能超過數分鐘	□1	□2	□3	□4
j.我喜歡表達關於自己所讀書本的意見	□1	□2	□3	□4
k.我喜歡和朋友交換書本	□1	□2	□3	□4

Q25： 下列內容，你多久讀一次？

（請在每行中選出一個方框打「✓」）

	幾乎從來沒有	一年幾次	每月一次	每月幾次	每星期幾次
a.雜誌	□1	□2	□3	□4	□5
b.連環漫畫	□1	□2	□3	□4	□5
c.小說	□1	□2	□3	□4	□5
d.非小說書籍	□1	□2	□3	□4	□5
e.報紙	□1	□2	□3	□4	□5

Q26： 你多長時間參加一次下列閱讀活動？

（請在每行中選出一個方框打「✓」。如果你不知道這項活動，那麼就選「不知道這是什麼」）

	不知道這是什麼	沒有或幾乎沒有	每月數次	每周數次	每天數次
a.閱讀電子郵件	□1	□2	□3	□4	□5
b.線上聊天	□1	□2	□3	□4	□5
c.閱讀線上新聞	□1	□2	□3	□4	□5
d.試用線上字典與百科全書	□1	□2	□3	□4	□5
e.搜索線上資訊，學習特定課題目	□1	□2	□3	□4	□5
f.參加線上組群的討論與論壇	□1	□2	□3	□4	□5
g.線上搜索實用資訊	□1	□2	□3	□4	□5

Q27： 學習的時候，你是否經常做下列的事項？

（請在每行中選出一個方框打「✓」）

	幾乎沒有	有時	經常	幾乎總是
a. 我嘗試記住文章涵蓋的所有內容	□1	□2	□3	□4
b. 我首先弄清楚自己確切需要學習的東西	□1	□2	□3	□4
c. 我嘗試盡可能多地記住細節	□1	□2	□3	□4
d. 我嘗試將新的資訊和在其他科目所習得的既有知識連結起來	□1	□2	□3	□4
e. 我閱讀文章多次直至能夠背誦	□1	□2	□3	□4
f. 我檢查自己是否明白所讀過的東西	□1	□2	□3	□4
g. 我一次又一次地閱讀文章	□1	□2	□3	□4
h. 我弄清楚這些資訊在課外如何運用	□1	□2	□3	□4
i. 我嘗試弄清楚那些我仍然沒有真正理解的概念	□1	□2	□3	□4
j. 我嘗試將資料和個人的經驗相連結，以便更好的理解	□1	□2	□3	□4
k. 我確保自己記下文章的各個重點	□1	□2	□3	□4
l. 我弄清楚文章的資訊怎樣與現實生活所發生的事情一致	□1	□2	□3	□4
m. 如果我有不理解的地方，我會尋找額外的資訊來解惑	□1	□2	□3	□4

第四部分　學習時間

Q28： 下列學科一節課平均多少分鐘？

一節語文課的時間為＿＿＿＿＿＿＿＿分鐘

一節數學課的時間為＿＿＿＿＿＿＿＿分鐘

一節科學課的時間為＿＿＿＿＿＿＿＿分鐘

Q29： 下列科目，你每星期上幾課時？

每星期語文課時數為＿＿＿＿＿＿＿＿課時

每星期數學課時數為＿＿＿＿＿＿＿＿＿課時

每星期科學課時數為＿＿＿＿＿＿＿＿＿課時

Q30： 通常情況下，學校每星期你所上的總課時是多少？

所有課時數為＿＿＿＿＿＿＿＿＿課時

Q31： 目前你參加哪些類型的校外功課？

（請在每行中選出一個方框打「✓」）

	是的	不是
a. 語文加強課	□1	□2
b. 數學加強課	□1	□2
c. 科學加強課	□1	□2
d. 其他科加強課	□1	□2
e. 語文補課	□1	□2
f. 數學補課	□1	□2
g. 科學補課	□1	□2
h. 其他科補課	□1	□2
i. 改善你的學習能力	□1	□2

Q32： 下列學科，你每星期要花多少時間做課外功課（在校、在家、在別處）？

（請在每行中選出一個方框打「✓」）

	語文	數學	科學	其他學科
這些學科，我不做校外功課	□1	□1	□1	□1
每星期少於2小時	□2	□2	□2	□2
每星期2-4小時	□3	□3	□3	□3
每星期4-6小時	□4	□4	□4	□4
每星期6小時以上	□5	□5	□5	□5

第五部分　你的學校

Q33：想想你在學校所學過的。下列各項敘述，你在多大程度上同意？

（請在每行中選出一個方框打「✓」）

	非常不同意	不同意	同意	非常同意
a. 學校對我在離校後的成年生活準備，幫助不多	□1	□2	□3	□4
b. 學校是個浪費時間的地方	□1	□2	□3	□4
c. 學校幫助我自主地作出決定	□1	□2	□3	□4
d. 學校教給我對工作可能有用的事物	□1	□2	□3	□4

Q34：關於你的學校教師，你在多大程度上同意這些陳述？

（請在每行中選出一個方框打「✓」）

	非常不同意	不同意	同意	非常同意
a. 我和大部分的教師相處得很好	□1	□2	□3	□4
b. 大部分的教師都關心我的福利	□1	□2	□3	□4
c. 大部分的教師都能傾聽我說話	□1	□2	□3	□4
d. 如果我需要幫助，我就會得到教師們的幫助	□1	□2	□3	□4
e. 大部分的教師都能公平地對待我	□1	□2	□3	□4

第六部分　你的語文

Q35：班上語文課平均大約有多少學生參加？

＿＿＿＿＿＿＿＿＿學生

Q36: 下列這些事情在語文課多久發生一次?

(請在每行中選出一個方框打「✓」)

	從未或幾乎沒有	有些課堂	多數課堂	所有課堂
a.學生不聽教師的話	□1	□2	□3	□4
b.有喧嘩聲和混亂	□1	□2	□3	□4
c.教師要等好長時間才能讓學生安靜下來	□1	□2	□3	□4
d.學生不會好好學習	□1	□2	□3	□4
e.開始上課很久了,學生還不開始用功	□1	□2	□3	□4

Q37: 在你的語文課上,下列各項是否經常發生?

(請在每行中選出一個方框打「✓」)

	從未或幾乎沒有	有些課堂	大部分課堂	所有課堂
a.教師要學生解釋文章的意義	□1	□2	□3	□4
b.教師提出一些挑戰學生的問題,使學生更易理解文章	□1	□2	□3	□4
c.教師給予學生充足的時間來思考他們的答案	□1	□2	□3	□4
d.教師推薦閱讀的書本或作者	□1	□2	□3	□4
e.教師鼓勵學生表達自己對文章的觀點	□1	□2	□3	□4

（續上表）

	從未或幾乎沒有	有些課堂	大部分課堂	所有課堂
f.教師幫助學生把所讀的故事和他們的生活相連結	☐1	☐2	☐3	☐4
g.教師向學生指出文章的資訊如何建構在他們已知的事物上	☐1	☐2	☐3	☐4

Q38： 在你的語文課上，下列各項是否經常發生？

（請在每行中選出一個方框打「✓」）

	從未或幾乎沒有	有些課堂	大部分課堂	所有課堂
a.教師事先說明對學生的期望				
b.教師檢查學生做閱讀作業時，是否專心	☐1	☐2	☐3	☐4
c.學生做完閱讀習作後，教師討論他們的作業	☐1	☐2	☐3	☐4
d.教師預先告訴學生他們的作業怎樣評定	☐1	☐2	☐3	☐4
e.教師詢問所有學生是否已明白怎樣完成閱讀作業	☐1	☐2	☐3	☐4
f.教師給學生的作業評分	☐1	☐2	☐3	☐4
g.關於閱讀作業，教師給學生提問的機會	☐1	☐2	☐3	☐4

（續上表）

	從未或幾乎沒有	有些課堂	大部分課堂	所有課堂
h.教師提出問題來激發學生積極參與	□1	□2	□3	□4
i.閱讀作業完成後，教師立即告訴學生他們做得如何好	□1	□2	□3	□4

第七部分　圖書館

Q39： 你是否經常因為下列活動而去圖書館？

（請在每行中選擇一個方框打「✓」）

	從未	每年幾次	每月約一次	每月數次	每周數次
a.為了樂趣而借閱書籍	□1	□2	□3	□4	□5
b.為學校的作業而借書	□1	□2	□3	□4	□5
c.做家庭作業、課程任務或研究報告	□1	□2	□3	□4	□5
d.閱讀雜誌或報紙	□1	□2	□3	□4	□5
e.為了消遣而閱讀書籍	□1	□2	□3	□4	□5
f.學習一些非課程相關的事情，例如：運動、愛好、人物或音樂	□1	□2	□3	□4	□5
g.使用網路	□1	□2	□3	□4	□5

Q40： 你學校有圖書館嗎？

沒有　　　　□1

有　　　　　□2

第八部分　你閱讀理解文章的策略

Q41：閱讀任務：你必須理解和記住文章的資訊。

下列是理解和記憶文章的策略。你如何評量下列策略的效用？

（請在每行中選出一個方框打「✓」）

	一點也沒用			非常有用		
a. 我專注於文章中容易理解的部分	□1	□2	□3	□4	□5	□6
b. 我把文章迅速地讀兩遍	□1	□2	□3	□4	□5	□6
c. 讀過這篇文章後，我和其他人討論文章的內容	□1	□2	□3	□4	□5	□6
d. 我把文章的重要內容部分畫線	□1	□2	□3	□4	□5	□6
e. 我用自己的話概括這篇文章	□1	□2	□3	□4	□5	□6
f. 我向別人大聲朗讀這篇文章	□1	□2	□3	□4	□5	□6

Q42：閱讀任務：你剛閱讀了一篇占兩頁的又長又難的文章，內容是關於非洲一個湖的水位波動。你必須寫一篇摘要。

下面是為這篇占兩頁的文章寫摘要的策略，你如何評量下列策略的效用？

（請在每行中選出一個方框打「✓」）

	一點也沒用			非常有用		
a. 我寫一篇摘要，然後檢查這篇摘要是否已涵蓋每一個段落，因為每一個段落的內容都應該包括在內	□1	□2	□3	□4	□5	□6
b. 我嘗試盡可能準確地多抄寫句子	□1	□2	□3	□4	□5	□6
c. 寫摘要之前，我盡可能把文章多讀幾遍	□1	□2	□3	□4	□5	□6
d. 我仔細檢查文章最重要的事實是否已呈現在摘要中	□1	□2	□3	□4	□5	□6
e. 我通讀全文，將最重要的句子畫線，然後把它們用自己的話改寫為摘要	□1	□2	□3	□4	□5	□6

非常感謝你的合作，完成這份問卷！

附錄二　PISA 2009學校問卷

這份問卷詢問的資訊包括：

* 學校的組織機構
* 師生團隊
* 學校資源
* 學校的教學、課程與評量
* 學校的風氣
* 學校的政策及實施
* 學校聘任特點

本次問卷的資訊，幫助說明不同學校群體之間的相似性與差異性，以便建立學生測試結果的背景。例如，該資訊也許可以幫助證實國家之間和國家內部學生成績的有效性。

這份問卷應由校長或指派人員完成。大約需要20-30分鐘完成。

有些問題的特定知識是必須的，你可以請教專家幫助回答這些問題。

如果不知道準確答案，你最好為研究做足夠的估算。

你的答案將保密。它們將與其他校長的答案混合在一起計算總數和平均數，無法辨認是哪個學校。

第一部分　學校的組織機構

Q1：　你學校有下列年級等級嗎？

（請在每行中選出一個方框打「✓」）

	有	沒有
a.一年級	☐1	☐2
b.二年級	☐1	☐2
c.三年級	☐1	☐2
d.四年級	☐1	☐2

（續上表）

	有	沒有
e.五年級	□1	□2
f.六年級	□1	□2
g.七年級	□1	□2
h.八年級	□1	□2
i.九年級	□1	□2
j.十年級	□1	□2
k.十一年級	□1	□2
l.十二年級	□1	□2
m.十三年級	□1	□2
n.不分級學校	□1	□2

Q2： 你們學校是公辦學校還是民營學校？（請選出一個方框打「✓」）

公辦學校 　　　　　　　□1

民營學校 　　　　　　　□2

Q3： 每學年下列來源的教育經費占學校經費的百分比是多少？

（請在每行寫上資料，如果沒有經費來源則寫0）

a.政府（包括部門、當地、地區、州和國家）＿＿＿＿＿＿＿＿％

b.學生費用或學校委託家長支付＿＿＿＿＿＿＿＿％

c.捐助、捐贈、遺贈、贊助、資助、家長基金＿＿＿＿＿＿＿＿％

d.其他＿＿＿＿＿＿＿＿％

Q4： 下列對你學校所在社區的描述中，定位最準確是哪一個？（請選出一個方框打「✓」）

a.村莊或農村地區（少於3,000人口）

b.小鎮（3,000-15,000人口）

c.城鎮（15,000-100,000人口）

d.城市（100,000-1,000,000人口）

e.大城市（超過1,000,000人口）

Q5： 我們對家長為孩子擇校感興趣。下列哪種陳述最準確地描述了你所在地學生可得到的學校教育？（請選出一個方框打「✓」）

a.當地有兩所及以上其他學校供我們的學生選擇　　　　　□　1

b.當地有一所及以上其他學校供我們的學生選擇　　　　　□　1

c.當地沒有其他學校可供我們的學生選擇　　　　　　　　□　1

第二部分　師生團隊

Q6： 2009年2月1日，學校總共註冊學生數為多少？

a.男生數量＿＿＿＿＿＿＿＿＿＿＿＿

b.女生數量＿＿＿＿＿＿＿＿＿＿＿＿

Q7： 上學年下列這些年級，你們學校有多少比例的學生留級？

請寫出每排的數目，如果沒有留級，填寫0；如果學校沒有這個年級，則在「無效」的方框裡打鉤。

　　　　　　　　　　　　　　　　　　　　　　　　　　　　無效

a.上學年學校初中一個年級留級的大致百分比是＿＿＿＿＿％　　□

b.上學年學校高中一個年級留級的大致百分比是 ＿＿＿＿＿％　　□

Q8： 你們學校15周歲學生中，有多少人第一語言不是中文？

（請選出一個方框打「✓」）

a. ≥60%　　　　　□1

b. 40%-60%　　　□2

c. 20%-40%　　　□3

d. 10%-20%　　　□4

e. 0-10%　　　　□5

f. 0　　　　　　　□6

Q9： 你們學校員工中，下列教師有多少？

包括專任教師和兼職教師。專任教師指每學年至少90%的時間在學校擔任教師工作；其餘為兼職教師。（請在每個空格上寫出數值，如果沒有則寫0）

	專任教師	兼職教師
a.教師總數	_____	_____
b.公辦教師	_____	_____
c.普通高等教育水準教師	_____	_____

第三部分　學校的資源

Q10： 下列一組三個問題的目標是蒐集你們學校15周歲學生與電腦的比率。

數目

在你學校中，15周歲的學生有多少人？　　　　_____

這些學生中，教育所需的可用電腦大約有多少？　_____

這些電腦中，與世界寬頻網連接的電腦有多少？　_____

Q11： 下列問題對你們學校內部教學產生阻礙作用嗎？

	一點也不	很少	有一點	非常多
a.缺乏合格的科學教師	☐1	☐2	☐3	☐4
b.缺乏合格的數學教師	☐1	☐2	☐3	☐4
c.缺乏合格的語文教師	☐1	☐2	☐3	☐4
d.缺乏合格的其他學科教師	☐1	☐2	☐3	☐4
e.缺乏圖書管理員	☐1	☐2	☐3	☐4
f.缺乏其他輔助的員工	☐1	☐2	☐3	☐4
g.缺少科學實驗儀器	☐1	☐2	☐3	☐4
h.缺少教學材料（如：課本）	☐1	☐2	☐3	☐4
i.缺少教學電腦	☐1	☐2	☐3	☐4
j.缺乏網路連接	☐1	☐2	☐3	☐4
k.缺少計算機教學軟體	☐1	☐2	☐3	☐4
l.缺少圖書館藏書	☐1	☐2	☐3	☐4
m.缺少視聽教學資源	☐1	☐2	☐3	☐4

第四部分　學校的課程與評量

Q12： 有些學校為不同能力的學生組織不同的教學。針對15周歲的學生，
你們學校有哪些政策？

（請在每行中選出一個方框打「✓」）

	每門學科	部分學科	沒有學科
a.學生根據能力分組，編入不同的班級	□1	□2	□3
b.學生根據能力分組，編入相同的班級	□1	□2	□3

Q13： 這學期你學校為15周歲學生舉辦下列哪些活動？

（請在每行中選出一個方框打「✓」）

	是的	不是
a.管樂隊、管弦樂、合唱團	□1	□2
b.校園劇或校園音樂劇	□1	□2
c.學校年刊、報紙、雜誌	□1	□2
d.志願活動、服務活動	□1	□2
e.讀書會	□1	□2
f.辯論學、辯論活動	□1	□2
g.學校英語、數學、科學社團或學校比賽	□1	□2
h.學術社團	□1	□2
i.藝術社團、藝術活動	□1	□2
j.運動隊、體育運動	□1	□2
k.講座或研討會（貴賓、嘉賓，如作家、新聞記者）	□1	□2
l.與當地使館合作	□1	□2
m.與當地報社合作	□1	□2
n.國家具體事項	□1	□2

Q14： 你們學校為第一語言不是測試語言的15周歲學生提供下列選項的相

關內容嗎？

（請在每行中選出一個方框打「✓」）

	是的	不是
a.這些學生在普通班就讀，得到額外的教育，目的在於提高測試語言的能力（如閱讀素養、語法、詞彙和交流等）	□1	□2
b.在轉入普通班之前，這些學生就讀先修班，目的在於提高測試語言的能力（如閱讀素養、語法、詞彙和交流等）	□1	□2
c.在轉入普通班之前，這些學生透過他們的第一語言接受一些學校科目的教學	□1	□2
d.這些學生用他們的第一語言接受大量的教育，目的在於發展和精通兩種語言	□1	□2
e.縮小班額以適合這些學生的特殊需要	□1	□2

Q15： 一般來說，你們學校多久一次對15周歲學生採用下列評量方法？

（請在每行中選出一個方框打「✓」）

	從不	每年1-2次	每年3-5次	每月1次	每月1次以上
a.標準化測試	□1	□2	□3	□4	□5
b.教師發展測試	□1	□2	□3	□4	□5
c.教師判斷的等級	□1	□2	□3	□4	□5
d.學生檔案	□1	□2	□3	□4	□5
e.學生作業、項目、家庭作業	□1	□2	□3	□4	□5

Q16： 在你們學校，對15周歲學生的評量，適用於下列用途嗎？

（請在每行中選出一個方框打「✓」）

	是的	不是
a.將孩子的進步告知家長	□1	□2
b.來決定學生留級或升級	□1	□2
c.為了教學目的，將學生分組	□1	□2
d.完成地方或國家給學校的任務	□1	□2
e.監督學校發展	□1	□2
f.用來判斷教師的效能	□1	□2
g.鑑定學校教學與課程改進的方面	□1	□2
h.比較一個學校與另一個學校	□1	□2

第五部分　學校風氣

Q17：在你們學校，下列對學生的學習引起什麼程度的阻礙作用？

（請在每行中選出一個方框打「✓」）

	一點也不	非常少	一定程度	很多
a.教師對學生的低期望	□1	□2	□3	□4
b.學生經常無故曠課	□1	□2	□3	□4
c.消極的師生關係	□1	□2	□3	□4
d.班級被學生擾亂	□1	□2	□3	□4
e.教師不能滿足個別學生的需要	□1	□2	□3	□4
f.教師經常無故曠課	□1	□2	□3	□4
g.學生跳級	□1	□2	□3	□4
h.學生缺乏對教師的尊重	□1	□2	□3	□4
i.員工抵制改革	□1	□2	□3	□4
j.學生使用酒精或非法藥物	□1	□2	□3	□4
k.教師對學生要求過於嚴格	□1	□2	□3	□4
l.學生脅迫、欺負其他學生	□1	□2	□3	□4
m.學生沒有充滿信心發揮他們的潛力	□1	□2	□3	□4

Q18：　下列哪個情況，最能說明父母親的期望有利於學校？

（請選出一個方框打「✓」）

a.許多父母有持續施加的壓力，盼望我們學校設置非常高的教學標準，讓我們的學生去實現	□1
b.少數學生的家長對學校的壓力，達到了較高的教學標準	□2
c.大部分缺席學生的家長對學校的壓力，達到了較高的教學標準	□3

第六部分　學校政策和實施

Q19：　當學生進入你學校後，以下因素考慮多少？

（請在每行中選出一個方框打「✓」）

	從不	有時	總是
a.居住在某一地區	□1	□2	□3
b.學生的學業成績的記錄（包括定級測試）	□1	□2	□3
c.聯繫學校的推薦	□1	□2	□3
d.家長認可學校的教學或宗教哲學	□1	□2	□3
e.無論是學生需要或者是對一個特別課程感興趣	□1	□2	□3
f.傾向於目前的家庭成員或以前的學生	□1	□2	□3
g.其他	□1	□2	□3

Q20：　你們學校一個15周歲的學生要轉到另一所學校，下列原因有多大可能？

（請在每行中選出一個方框打「✓」）

	不可能	可能	很可能
a.學業成績差	□1	□2	□3
b.學業成績好	□1	□2	□3
c.行為問題	□1	□2	□3
d.特殊學習需要	□1	□2	□3
e.父母或監護人要求	□1	□2	□3
f.其他	□1	□2	□3

Q21： 這組問題是探索學校對家長方面的責任。

（請在每行中選出一個方框打「✓」）

	是的	不是
a.你們學校為15周歲學生的家長提供其他相關學生的學業表現資訊嗎	□1	□2
b.你們學校為15周歲學生家長提供與他的孩子的學業表現相關的國家（地區）標準嗎	□1	□2
c.你們學校為15周歲學生家長提供其他學校的同年級學生的表現資訊嗎	□1	□2

Q22： 在你的學校，成績資料適用於以下考核程序嗎？（成績資料包括學校或年級水準考試成績等級或畢業率）

（請在每行中選出一個方框打「✓」）

	是的	不是
a.成績數據公布於眾（如透過媒體）	□1	□2
b.成績數據用於對校長的績效評量	□1	□2
c.成績數據用於對教師的績效評量	□1	□2
d.成績數據用於決定教學資源的配置	□1	□2
e.成績數據是行政部門用於跟蹤評量的	□1	□2

Q23：　在過去的一年，在你們學校是否使用下列方法來監測語文教師的教
　　　學實踐？

（請在每行中選出一個方框打「✓」）

	是的	不是
a.測試或評估學生的成績	□1	□2
b.教師互查（評量教學、課時計劃、課程）	□1	□2
c.校長和高級員工觀察課堂	□1	□2
d.巡視員或校外人員觀察學校	□1	□2

Q24：　在你們學校，完成以下任務是由誰承擔重要的責任？

（請根據情況在每行中勾選出多個方框）

	校長	教師	學校理事會	地方教育權威	國家教育權威
a.教師選聘	□1	□1	□1	□1	□1
b.教師解聘	□1	□1	□1	□1	□1
c.教師起薪開戶	□1	□1	□1	□1	□1
d.決定教師工資的增長	□1	□1	□1	□1	□1
e.制定學校的預算	□1	□1	□1	□1	□1
f.制定學校內部預算配置	□1	□1	□1	□1	□1
g.制定學生的懲罰政策	□1	□1	□1	□1	□1
h.制定學生的評量政策	□1	□1	□1	□1	□1
i.批准學生入學	□1	□1	□1	□1	□1
j.選擇使用的教材	□1	□1	□1	□1	□1
k.確定課程內容	□1	□1	□1	□1	□1
l.決定所提供的課程	□1	□1	□1	□1	□1

Q25：　在你的學校，下列哪個機構直接影響決策人員編制、預算、教學內
　　　容與評量實施？

（請選出盡可能多的框打「✓」）

	職工安置	預算編制	教學內容	評量實施
a.地方或國家的教育權威	□1	□1	□1	□1
b.學校的董事局	□1	□1	□1	□1
c.家長團體	□1	□1	□1	□1
d.教師團體	□1	□1	□1	□1
e.學生團體	□1	□1	□1	□1
f.外部考試委員會	□1	□1	□1	□1

Q26：下面你可以找到關於你們學校管理的敘述。請表明上學年的下列活動和行為，在你的學校中的頻率。

（請在每行中選出一個方框打「✓」）

	從不	很少	很多時候	常常
a.我確保教師的專業發展活動都是按照學校的教學目標	□1	□2	□3	□4
b.我確保教師工作根據學校的教育目標	□1	□2	□3	□4
c.我觀察課堂教學	□1	□2	□3	□4
d.我用學生成績制定學校的教育目標	□1	□2	□3	□4
e.我給教師建議，以改進他們的教學	□1	□2	□3	□4
f.我監測學生的學習	□1	□2	□3	□4
g.當教師在他的課堂教學中存在問題時，我會主動討論事態	□1	□2	□3	□4
h.我告訴教師更新他們的知識和技能的可能性	□1	□2	□3	□4
i.我檢查課堂教學活動是否符合我們的教育目標	□1	□2	□3	□4
j.我要以有關課程的考試成績來決定課程的發展	□1	□2	□3	□4

（續上表）

	從不	很少	很多時候	常常
k.我保證有清晰的關於對協調課程的責任	□1	□2	□3	□4
l.當教師帶來了一個課堂問題，我們一起解決問題	□1	□2	□3	□4
m.我重視課堂上擾亂秩序的行為	□1	□2	□3	□4
n.我接管意外缺席教師的課	□1	□2	□3	□4

第七部分　關於你

Q27： 你是男性還是女性？

女性　　　　　男性

□ 1　　　　　□ 2

非常感謝你的合作，完成這份調查問卷！

附錄三　PISA 2009家長問卷

這是什麼調查問卷？

把這份問卷帶回家的學生，將參加國際學生評量項目（PISA）。這一專案重點考查15、16歲學生的閱讀素養，但其中也涉及數學和科學的評估。這項研究是由經濟合作與發展組織（OECD）所組織的，用來調查來自約60個不同國家和地區的學生。

在PISA的研究中，學生要回答涉及閱讀、科學和數學素養的問題，並提供他們背景的資料，一般涉及閱讀、學校教育、他們的職業生涯等問題的信仰和觀點。作為研究的一部分，我們也調查了學生家長若干類似的話題，其中包括：

* 家長基本特點
* 孩子過去的閱讀參與度
* 家長自己的閱讀參與度
* 家庭閱讀資源和支持
* 家長的背景
* 家長的認知和參與學校
* 學校的選擇

您提供的資訊，將對描繪如何培養學生閱讀素養的發展，以及影響因素的畫卷是極其珍貴的。當問到閱讀素養，我們應該考慮什麼呢？

我們所說的是瞭解的技能，使用和思考的書面文本。這個技能是需要達到自己的目標，以發展自己的知識與潛力，並參與社會。

誰應該填寫這份問卷？

這項調查需由家長（或由父母雙方共同）或學生的其他主要照顧者填寫。為了使措詞問題簡單，把這份問卷帶回家的學生，往往是被稱為「你的孩子」。

我們所提出的問題，你可以放心作答。

沒有正確或錯誤的答案，請你放心，這項調查中，你的答案將予以保

密。

第一部分　家長的基本特點

Q1：　誰將完成這份問卷？（請勾選出所有適用的方框）
　　　　a.母親或其他女性監護人　　　☐ 1
　　　　b.父親或其他男性監護人　　　☐ 1
　　　　c.其他　　　　　　　　　　　☐ 1
　　　　如果不是，請詳細說明＿＿＿＿＿＿＿＿＿＿＿＿＿＿＿＿＿

第二部分　兒童過去的閱讀參與度

Q2：　你的孩子在進幼稚園之前，是否參加了兒童保育？（請只選出一個
　　　　方框打「✓」）
　　　　是的，有　　　　　　　☐ 1
　　　　不，沒有　　　　　　　☐ 2

Q3：　你的孩子讀小學一年級時，你或你家裡的其他人，多長時間陪同孩
　　　　子進行以下活動一次？

（請在每行中選出一個方框打「✓」）

	從不或很少	每月1-2次	每周1-2次	每天或幾乎每天
a.看書	☐1	☐2	☐3	☐4
b.講故事	☐1	☐2	☐3	☐4
c.唱歌	☐1	☐2	☐3	☐4
d.玩字母玩具	☐1	☐2	☐3	☐4
e.談論你所做的事情	☐1	☐2	☐3	☐4
f.談談你的閱讀內容 （書）	☐1	☐2	☐3	☐4
g.做文字遊戲	☐1	☐2	☐3	☐4
h.寫字母或單詞	☐1	☐2	☐3	☐4
i.朗讀標誌和標籤	☐1	☐2	☐3	☐4

Q4： 在進行問題3的大部分活動時，你們使用什麼語言？

（請只選出一個方框打「✓」）

a.測試語言（語文）　　　　　☐ 1

b.另一種語　　　　　　　　　☐ 2

第三部分　家長自己的閱讀參與度

Q5： 當你在家裡時，你用多少時間進行閱讀（如雜誌、漫畫、小說、散文）？

（請只勾選出一個方框）

a.每週10小時以上　　　　　☐ 1

b.每週6-10小時　　　　　　☐ 2

c.每週1-5小時　　　　　　　☐ 3

d.每週1小時以內　　　　　　☐ 4

Q6： 關於閱讀的下列說法，你同意還是不同意？

（請在每行中選出一個方框打「✓」）

	非常同意	同意	不同意	強烈反對
a.讀書是我最喜歡的一項愛好	☐1	☐2	☐3	☐4
b.我感到高興，如果我收到一本書作為禮物	☐1	☐2	☐3	☐4
c.對我來說，讀書是浪費時間	☐1	☐2	☐3	☐4
d.我喜歡去書店或圖書館	☐1	☐2	☐3	☐4

第四部分　家庭閱讀資源和支持

Q7： 下列哪些內容可促使孩子喜歡留在家裡？

（請在每行中選出一個方框打「✓」）

	是的	不是
a.電子郵件	□1	□2
b.線上聊天	□1	□2
c.上網瀏覽	□1	□2
d.報紙	□1	□2
e.訂閱的期刊	□1	□2
f.自己的書籍（不計學校圖書）	□1	□2

Q8： 你或你的家人多長時間會與你的孩子一起做一次下面的活動？

（請在每行中選出一個方框打「✓」）

	從不或很少	每月1-2次	每周1-2次	每天或幾乎每天
a.討論政治或社會問題	□1	□2	□3	□4
b.討論書籍、電影或電視節目	□1	□2	□3	□4
c.談論你的孩子在學校做得多好	□1	□2	□3	□4
d.你與孩子圍著一張桌子吃飯	□1	□2	□3	□4
e.花時間只是談論你的孩子	□1	□2	□3	□4
f.與你的孩子一起去書店或圖書館	□1	□2	□3	□4
g.與你的孩子談論他（她）的閱讀	□1	□2	□3	□4
h.幫助孩子做家庭作業	□1	□2	□3	□4

第五部分　家長的背景

在本節中，我們將詢問父母親雙方的背景問題。這些問題可幫助我們獲得更多關於學生的家庭情況的資訊。

Q9：　孩子的父親有以下資格證書嗎？

（請在每行中選出一個方框打「✓」）

	是的	不是
a. 國際教育標準分類5A，6（本科、碩士）	□1	□2
b. 國際教育標準分類5B（高職）	□1	□2
c. 國際教育標準分類4（高中後）	□1	□2
d. 國際教育標準分類3A（高中）	□1	□2

Q10：孩子的母親有以下資格證書嗎？

（請在每行中選出一個方框打「✓」）

	是的	不是
a. 國際教育標準分類5A，6（本科、碩士）	□1	□2
b. 國際教育標準分類5B（高職）	□1	□2
c. 國際教育標準分類4（高中後）	□1	□2
d. 國際教育標準分類3A（高中）	□1	□2

我們感興趣的是家長對教育服務的消費多少。

Q11：　你的家庭年收入是多少？

請你將所有家庭成員加在一起計算稅前總收入。請記住，我們請你回答問題，是在只有當你覺得這樣做舒適的前提下，而且所有的應答會絕對保密。

（請只選出一個方框打「✓」）

a. 少於A元　　　　　　　□1

b. A-B元　　　　　　　　□2

c. B-C元　　　　　　　　□3

d. C-D元　　　　　　　　□4

e. D-E元　　　　　　　　□5

f. E元以上　　　　　　　□6

Q12： 請考慮相關的費用並回答以下問題（僅與帶問卷回家的學生有
關）。在過去的十二個月，你支付給教育提供者的教育費用大約多
少？

在確定這個選項時內，請包含支付給孩子學校的所有學費、孩子接
受家教支付給學校教師個人或其他教師的所有費用、以及補習學校
的各種費用。不包括體育設備、校服、電腦和教科書的成本，如果
這些不包括在一般費用中（即：如果你必須單獨買這些物品）。

a.沒有 ☐1

b.1-A元 ☐2

c.A-B元 ☐3

d.B-C元 ☐4

e.C-D元 ☐5

f.D元以上 ☐6

Q13： 你家有幾個孩子？（包括帶回家的這份問卷的學生）

（請只選出一個方框打「✓」）

a.1個 ☐1

b.2個 ☐2

c.3個 ☐3

d.4個 ☐4

e.5個 ☐5

f.6個或更多 ☐6

第六部分　家長的認知與參與學校

我們感興趣於你對你孩子學校的看法。

Q14： 下列這些說法，你同意的程度如何？

（請在每行中只選出一個方框打「✓」）

	非常同意	同意	不同意	強烈反對
a. 我孩子的學校教師大多數人是能幹和勝任的	□1	□2	□3	□4
b. 在我孩子的學校成績的標準很高	□1	□2	□3	□4
c. 我很高興我孩子的學校的教學方法與教的內容	□1	□2	□3	□4
d. 我很滿意我孩子的學校紀律氛圍	□1	□2	□3	□4
e. 我孩子的進步是由於學校悉心指導	□1	□2	□3	□4
f. 我孩子的學校對我孩子的進展情況定期提供有用的資訊	□1	□2	□3	□4
g. 我孩子的學校教育學生做得好	□1	□2	□3	□4

Q15： 上學年，你參加過下列學校的相關活動嗎？

（請在每行中只選出一個方框打「✓」）

	是的	不是
a. 主動與老師討論你孩子的行為或進展	□1	□2
b. 你孩子的老師倡議討論你的孩子的行為或進展	□1	□2
c. 志願參加體力活動，如維修、木工、園藝或庭院勞動	□1	□2
d. 志願者在課外活動中，如俱樂部、校園劇、體育運動、實地考察	□1	□2
e. 志願者在學校圖書館或媒體中心	□1	□2
f. 協助學校裡的老師	□1	□2
g. 作為一位演講嘉賓	□1	□2
h. 參加當地學校，例如家長律師或學校管理委員會	□1	□2

第七部分　學校選擇

　　我們感興趣的是你作為父母，為什麼選擇你孩子目前就讀的這所學校。

Q16： 以下哪項陳述最能描述在你的地區供學生入學的學校？

　　　（請只選出一個方框打「✓」）

　　　a.在這一地區有兩所或更多其他學校與我的孩子目前就讀的學校競爭　□1

　　　b.在這一地區還有另外一所學校與我的孩子目前就讀的學校競爭

　　　　　　　　　　　　　　　　　　　　　　　　　　　　　　　□2

　　　c.在這一地區沒有其他學校與我的孩子目前就讀的學校競爭　□3

Q17： 你的孩子選擇學校的以下原因有多重要？

（請在每行中只選出一個方框打「✓」）

	不重要	有些重要	重要	非常重要
a.學校離家不遠	□1	□2	□3	□4
b.學校有良好的聲譽	□1	□2	□3	□4
c.學校提供特別的課程或學科	□1	□2	□3	□4
d.學校堅持一個特定的宗教哲學	□1	□2	□3	□4
e.學校有一種特定的教育教學方法（例如榜樣）	□1	□2	□3	□4
f.其他家庭成員上學	□1	□2	□3	□4
g.費用低，例如學費、書籍、食宿	□1	□2	□3	□4
h.學校設有助學金，如學校提供貸款、獎學金或補助金	□1	□2	□3	□4
i.學校有活躍和愉快的學習風氣	□1	□2	□3	□4
j.在校學生的學習成績好	□1	□2	□3	□4
k.有安全的學校環境	□1	□2	□3	□4

　　　非常感謝你的合作，完成這份調查問卷！

參考文獻

[1] 曹寶龍。學習與遷移[M]。杭州：浙江大學出版社，2009。

[2] 曹寶龍。PISA 2006年測試題案例分析[R]。[EB/OL]http://www.zjjys.org:81/ksypj/.

[3] 方張松。PISA 2003數學評估簡介[R]。[EB/OL]http://www.zjjys.org:81/ksypj/.

[4] 方張松。國外基礎教育教學品質監控與評量及其特點分析[R]。[EB/OL]http://www.zjjys.org/jxpj.aspx.

[5] 方紅峰。為生存而學習——國際學生評量計畫（PISA）簡介[R]。[EB/OL]http://www.zjjys.org:81/ksypj/.

[6] 滕梅芳，盛群力。評估科學素養，培育關鍵能力[J]。遠端教育。2009(3)。

[7] 朱小虎。PISA對學生學習方法的研究及啟示[J]。外國中小學教育。2010(9)。

[8] 陸璟。PISA 2009上海實施報告。教育發展研究[J]。2009(24)。

[9] 周雲。PISA 2009上海測試的考務實施及其啟示[J]。上海教育科研2010(5)。

[10] 陸璟、占盛麗、朱小虎。PISA的命題評分組織管理及其對上海市基礎教育品質監測的啟示[J]。教育測量與評量。2010(2)。

[11] 鄧曉君。芬蘭德國與英國PISA測試的結果及其影響研究[J]。教育與考試。2010(1)。

[12] 滕梅芳。評估關鍵能力　培育生活智慧[J]。浙江教育學院學報。2010(1)。

[13] 吳畏。基於情境的科學素養的評量思考[J]。教育科學研究。2010(6)。

[14] 孔祥娟。PISA對構建我國基礎教育品質監測體系的啟示[J]。教育測量與評量。2009(7)。

[15] 祝新華、廖先。PISA 2009閱讀評估的最新發展：評量與借鑑[J]。教育研究與實驗：2010(3)。

[16] 賴小琴。PISA中問題解決能力評量的特點及啟示[J]。教育測量與評量。2009(5)。

[17] 楊希潔。PISA特點分析及其對我國基礎教育評量制度改革的啟示[J]。教育科學研究。2008(2)。

[18] 蘇洪雨。PISA：數學素養測試題的設計和研發過程。教學與管理。2008(5)。

[19] 何一鸞、鄧鵬。走近PISA——國際學生評量項目綜述[J]。江蘇教育研究（理論版）。2008(8)。

[20] 謝利民、盧宏。為明天的世界而學習[J]。外國中小學教育。2008(5)。

[21] 王晴希、李素芳。PISA：解決問題技能的界定與評量[J]。上海教育科研。2006(9)。

[22] 李廣。為生存而學習：PISA評量思想價值取向研究[J]。外國教育研究。2005(7)。

[23] 尹雨。為學習而閱讀[J]。中學語文教學。2005(5)。

[24] 張海和。OECD/PISA研究中科學素養的涵義及其理論基礎。生物學通報[J]。2005(6)。

[25] 陸璟。PISA學習參與度評量[J]。上海教育研究，2009(12)。

[26] 王晞、黃慧娟、許明。PISA：閱讀素養的界定與評量[J]。上海教育科研。2003(9)。

[27] 黃惠娟、王晞。PISA：數學素養的界定與評量[J]。上海教育科研。2003(12)。

[28] 李晶晶。國際PISA評量對語文閱讀測試命題的啟示[J]。現代教育科學。2010(2)。

[29] 王連照、田慧生。國際學生閱讀能力評量與過程[J]。比較教育研究。2007(8)。

[30] 浙江省考試院。PISA概況及2009年浙江測試結果報告[R]。

[31] 歐盟報告：學生學習成績影響因素分析[R]。中國教師報。2006(3)。

[32] PISA香港研究中心。What is PISA? [EB/OL] http://www.fed.cuhk.edu.hk/hkpisa/whatispisa.htm.

[33] OCED/PISA, How the definition was derived. [EB/OL] http://www.pisa.oecd.org/science/defhist.htm.

[34] OECD/PISA 2009 Assessment Framework:Key Competencies in Reading, Mathematics and Science. [EB/OL] http://www.pisa.oecd.org.

[35] Take the Test.Sample Questions from OECD's PISA Assessments. [EB/OL] http://www.pisa.oecd.org.

[36] Student Questionnaire For PISA 2009. [EB/OL] http://www.pisa.oecd.org

[37] School Questionnaire For PISA 2009. [EB/OL] http://www.pisa.oecd.org

[38] Parent Questionnaire For PISA 2009. [EB/OL] http://www.pisa.oecd.org

[39] PISA香港研究中心。What is PISA? [EB/OL] http://www.fed.cuhk.edu.hk/hkpisa/whatispisa.htm.

[40] PISA 2006 Science Competencies for Tomorrow's World. [EB/OL] http://www.oecd.org/document/2.

[41] OECD.Assessing Scientific, Reading and Mathematical Literacy: A Framework for PISA 2006 [M]. [EB/OL] http://www.oecd.org/document.

[42] PISA 2003 Assessment Framework:Mathematics, Reading, Science and Problem Solving Knowledge and Skills. [EB/OL] http://www.oecd.org/pages/.

[43] OECD/PISA, Measuring Student Knowledge and Skills, The PISA Assessment of Reading, Mathematical and Scientific Literacy.2000.

[44] Sample Tasks from the PISA 2000 Assessment: Reading, Mathematical and Scientific Literacy.2000. [EB/OL] http://www.oecd.org/document/2/.

[45] OECD/PISA, How the definition was derived. [EB/OL] http://www.pisa.oecd.org/science/defhist.htm.

後 記

　　2008年6月，我與杭州市教學研究專家組共同完成一項重要任務。工作之餘，杭州市普通教育研究室主任曹寶龍讓大家饒有興趣地分享了他關於PISA的研究成果，這是我對PISA的最初印象，並產生了濃厚的興趣。

　　之後，多次聆聽曹主任關於PISA的專題講座，拜讀了許多專家學者關於PISA的論著，逐漸對PISA的理論體系和實際操作有所感悟。透過瀏覽OECD的網站，查閱了關於PISA的一些原著資料。借助螞蟻啃骨頭的方式，歷經數年，累積了豐富的素材，並將這些素材以一定的線索編撰成輯，成就了本書。

　　在本書的整體設計和編撰過程中，謝謝陸茂洪、盛群力、方張松、吳志東、邵葵和龔姚東等教育專家的悉心指導和大力幫助。在該書即將付梓之際，我謹向各位表示由衷的感謝！

　　本書將為教師專業發展研修提供參考，也可供廣大教師在教學時學習借鑑。

　　中國對於PISA的研究實屬起步階段，而囿於本人的所學，書中難免有錯誤或不當之處，懇請專家和讀者批評、斧正！

蔣德仁

五南文化廣場

橫跨各領域的專業性、學術性書籍
在這裡必能滿足您的絕佳選擇！

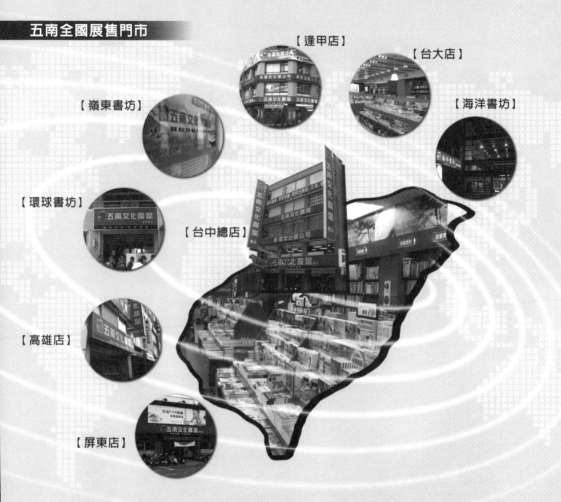

國家圖書館出版品預行編目資料

PISA國際學生能力評量計畫概論／蔣德仁編
著. －－初版.－－臺北市：五南, 2013.11
　面；　公分
ISBN 978-957-11-7372-6 (平裝)
1.教育評量
521.3　　　　　　　　　　102020358

1IXT

PISA國際學生能力評量
計畫概論

編 著 者 — 蔣德仁(511.2)

審 定 者 — 吳俊憲

發 行 人 — 楊榮川

總 編 輯 — 王翠華

主　　編 — 陳念祖

責任編輯 — 李敏華

封面設計 — 陳卿瑋

出 版 者 — 五南圖書出版股份有限公司

地　　址：106台北市大安區和平東路二段339號4樓

電　　話：(02)2705-5066　　傳　　真：(02)2706-6100

網　　址：http://www.wunan.com.tw

電子郵件：wunan@wunan.com.tw

劃撥帳號：01068953

戶　　名：五南圖書出版股份有限公司

台中市駐區辦公室／台中市中區中山路6號

電　　話：(04)2223-0891　　傳　　真：(04)2223-3549

高雄市駐區辦公室／高雄市新興區中山一路290號

電　　話：(07)2358-702　　傳　　真：(07)2350-236

法律顧問　林勝安律師事務所　林勝安律師

出版日期　2013年11月初版一刷

定　　價　新臺幣400元